Lektürehilfen

Peter Stamm

Agnes

von Johannes Wahl

Klett Lerntraining

Dr. Johannes Wahl, Gymnasiallehrer für Deutsch, Englisch und Geschichte in Baden-Württemberg

Die Textzitate folgen der Ausgabe: Peter Stamm, Agnes, Fischer Taschenbuch Verlag, Frankfurt am Main, 2010

Bibliografische Information der Deutschen Bibliothek
Die Deutsche Bibliothek verzeichnet diese Publikation in der
Deutschen Nationalbibliografie; detaillierte bibliografische
Daten sind im Internet über http://dnb.ddb.de abrufbar.

Auflage 6. 5. 4. 3. | 2016 2015 2014 2013
Die letzten Zahlen bezeichnen jeweils die Auflage und das Jahr des Druckes.

Alle Rechte vorbehalten.
Dieses Werk folgt der reformierten Rechtschreibung und Zeichensetzung.
Ausnahmen bilden Texte, bei denen künstlerische, philologische oder
lizenzrechtliche Gründe einer Änderung entgegenstehen.
Das Werk und seine Teile sind urheberrechtlich geschützt. Jede Nutzung
in anderen als den gesetzlich zugelassenen Fällen bedarf der vorherigen
schriftlichen Einwilligung des Verlages. Hinweis zu § 52 a UrhG: Weder das
Werk noch seine Teile dürfen ohne eine solche Einwilligung eingescannt
und in ein Netzwerk eingestellt werden. Dies gilt auch für Intranets von
Schulen und sonstigen Bildungseinrichtungen.
Fotomechanische Wiedergabe nur mit Genehmigung des Verlages

© Klett Lerntraining, c/o PONS GmbH, Stuttgart 2011
Redaktion: Günter Maier
Umschlagfoto: laif (Gaby Gerster), Köln
Satz: DOPPELPUNKT, Stuttgart
Druck: Beltz Druckpartner GmbH & Co. KG, Hemsbach
Printed in Germany
ISBN 978-3-12-923072-5

Inhalt

Romanhandlung 6

Anbahnung der Beziehung zwischen Agnes
und dem Ich-Erzähler (Kap. 1–8) 6

Die fiktive Geschichte beginnt die Wirklichkeit
zu ersetzen (Kap. 9–17) 18

Die Liebesbeziehung zerbricht (Kap. 18–24) 27

Ende der fiktiven Geschichte und Agnes'
vermeintlicher Tod (Kap. 25–36) 34

Struktur des Romans 43

Strenge Form: Erzählrahmen mit chronologisch
geordneter Rückblende 43

Liebesgeschichte und Fiktion 46

Liebesgeschichte 47
Fiktive Geschichte 49

Personen 55

Agnes 55
Ich-Erzähler 61

Themen 67

Vereinzelung und Gefühlskälte der Single-Generation ... 67

Peter Stamms gesellschaftsbezogenes Schreiben 67
Anonymität und das Scheitern auf der Suche nach dem Glück 68
Gestörte Eltern-Kind-Beziehungen 71

Du sollst dir kein Bildnis machen – Die Identitäts-
problematik   72

Amerika und Europa   77

Leitmotive   80

Kälte und Tod   80

Masken, Bilder und Rollen   86

Punkte und Sterne   89

Sprache und Stil   91

Unzuverlässigkeit des Erzählers   91

Lakonischer Sprachstil   93

Beobachtungen zur Dialogstruktur   94

Schweigen – Ausdruck gestörter Kommunikation   95

Agnes als postmoderner Roman   97

Tendenzen der schweizerischen Gegenwartsliteratur   97

Intertextualität   98

Dekonstruktion von Wirklichkeit   100

Rezeption   102

Literaturverzeichnis   104

Prüfungsaufgaben und Lösungen 107

1. Charakterisierung des Ich-Erzählers 108
2. Gespräch über den Tod (Kap. 2) 110
3. Die Räume im Roman 112
4. *Agnes* und *Homo faber* 114
5. Das Verhältnis des Ich-Erzählers zu Louise 116
6. Fiktion und Wirklichkeit 118
7. Das Ende der fiktiven Geschichte (Kap. 35) 120
8. Dialog zwischen dem Ich-Erzähler und Agnes –
   eine gestaltende Interpretation 122

Stichwortverzeichnis 124

Romanhandlung

Anbahnung der Beziehung zwischen Agnes und dem Ich-Erzähler

Rückblende nach Agnes' Tod (Kapitel 1–8)	
	⇢ Der Roman beginnt in der Erzählgegenwart mit der unvermittelten Feststellung, dass Agnes tot ist. Eine Geschichte habe sie getötet.
	⇢ Die Kapitel 2 bis 8 eröffnen die Rückblende von diesem Endpunkt. Sie schildern, wie sich der Ich-Erzähler und Agnes in der Chicago Public Library kennen lernen.
	⇢ Bereits ihr erster gemeinsamer Abend in einem Restaurant wenige Wochen später endet in einer Liebesnacht.
	⇢ Die ersten Kapitel tragen wesentlich zur Charakterisierung der beiden Protagonisten bei. Zentrale Leitmotive des Romans werden entfaltet.

. . . 1 . . .

Rätselhafte Behauptung: „Eine Geschichte hat Agnes getötet."

Ohne Vorwarnung teilt der namenlose Ich-Erzähler im ersten Satz des Romans mit, dass Agnes tot sei. Der Leser ist zunächst überrascht von der folgenden, teilnahmslosen Feststellung, dass eine Geschichte sie getötet habe. Erst nach der Lektüre des gesamten Romans erschließt sich diese rätselhafte Behauptung. Denn nicht vor den letzten Seiten des Textes erfährt man, dass Agnes in ihren Handlungen einer fiktiven Geschichte folgt, die der Ich-Erzähler entworfen hat und die ihren Selbstmord vorschreibt. Das Augenmerk des Lesers wird durch diesen Beginn, der als Endpunkt der Handlung zu verstehen ist, automatisch auf die Art und Weise gelenkt, wie eine Geschichte zum Tod der titelgebenden Figur führen konnte.

Betonung der Kälte

Bemerkenswert ist die Betonung der Kälte, die die Gegenwart des Erzählers prägt.

> Es war kalt, als wir uns kennenlernten. Kalt wie fast immer in dieser Stadt. Aber jetzt ist es kälter, und es schneit. Über den Michigansee kommt der Schnee und kommt der böige Wind, der selbst durch das Isolierglas der großen Fenster noch zu hören ist. (9)

Die kühlen Außentemperaturen verweisen auf einen inneren emotionalen Zustand. Dieser scheint aber auch schon geherrscht zu haben, als sich der Ich-Erzähler und Agnes neun Monate zuvor das erste Mal trafen. Damit wird an dieser Stelle das Leitmotiv der emotionalen Kälte und Distanziertheit eingeführt, das den gesamten Text durchzieht. Verstärkt wird dieser Eindruck durch das „Isolierglas" des Wolkenkratzers, der per se als Symbol der Anonymität zu verstehen ist.

Es ist zudem mitten in der Nacht, die Plätze der Stadt sind leer (9) und ausgestorben. Die eigene Wohnung, die er mit Agnes eine kurze Zeit geteilt hat, ist dem Erzähler „fremd und unerträglich" (9) geworden. Selbstmordgedanken erfüllen ihn, doch die Fenster lassen sich nicht öffnen.

Abgesehen von der Geschichte des Erzählers ist von Agnes nichts geblieben als ein kurzes Video, das ihren gemeinsamen Ausflug in den Hoosier National Park dokumentiert. Wie der Text ist es ein medial vermitteltes Bildnis der rätselhaften Frau. Die reale Agnes ist in den kurz geschnittenen Sequenzen „kaum zu sehen" (10). Auch der Erzähler bleibt ohne Konturen. Der Versuch, ihn aus der Nähe zu filmen, führt dazu, dass das „Bild unscharf wird" (11). Als Agnes ihn am Steuer ihres Autos filmt, schneidet er eine „Grimasse" (10), setzt also eine Maske auf. Ihr Bemühen, die wahre Person in Bildern festzuhalten, scheitert damit. Dennoch scheinen dem Erzähler in der Gegenwart die Bilder „wirklicher als die dunkle Wohnung" (10). Realität und Bildnis sind vertauscht.

Die Identität von Agnes wird nur bruchstückhaft entfaltet. Sie ist offenbar eine pedantisch genaue, ordnungsliebende Frau. Einen ersten Hinweis darauf liefert der Ich-Erzähler, als er beschreibt, dass sie die Videokassette und die Schachtel sorgfältig beschriftet und „beides mit

---

Marginalien:

Einführung zentraler Leitmotive

Emotionale Kälte und Distanz

Tod

Bildnisproblematik

Fiktion ersetzt Wirklichkeit

Agnes als pedantische, unsichere Frau

einem Lineal doppelt unterstrichen" (10) hat. In ihrem Kern ist sie jedoch eine unsichere und zutiefst verängstigte Person. Ihre Angstgefühle erstrecken sich über alle Bereiche des Alltags. Das ganze Haus des Erzählers – symptomatisch für die personale Beziehung der beiden – scheint angstbesetzt zu sein. So fürchtet sie sich vor dem schleimigen Verkäufer unten im Haus, vor den Fenstern, die man nicht öffnen kann, ebenso wie vor dem nächtlichen Summen der Klimaanlage. Gravierend ist, dass dies zum Verlust der Sprache führt.

> Am Anfang lachten wir darüber, dann sprach sie nicht mehr davon. Aber ich merkte, daß die Angst noch immer da war, daß sie gewachsen und nun so groß war, daß Agnes nicht mehr darüber sprechen konnte. (12)

Weiteres Leitmotiv: Schweigen als Zeichen gestörter Kommunikation

Das Schweigen als Zeichen einer gestörten Kommunikation ist ebenfalls als eines der dominanten Leitmotive anzusehen, das im ersten Kapitel angerissen wird.

Agnes' Überlebensstrategie, um mit ihren Ängsten fertig zu werden, ist es, sich immer stärker an den Ich-Erzähler zu klammern. In einer der wenigen bekennenden Passagen, in der der Erzähler etwas über sich aussagt, scheint dieser die Richtigkeit dieses Weges anzuzweifeln. Durchaus selbstvorwurfsvoll formuliert er abschließend: „Ausgerechnet an mich" (12). Dieses vage Schuldeingeständnis macht die folgende Rückblende, die die Beziehung mit Agnes bis zu ihrem Tod erzählt, zu einer Art Beichte.

Vages Schuldeingeständnis des Ich-Erzählers

... 2 ...

Rückblende: April des vergangenen Jahres

Der Ich-Erzähler beginnt die Rückblende mit dem Moment, in dem sie sich in der Public Library im April des vergangenen Jahres kennen lernten. Der Sprung in die Vergangenheit wird durch den Tempuswechsel ins Präteritum sprachlich realisiert.

Unnahbare Agnes bei erster Begegnung im Lesesaal

Der Erzähler arbeitet an einem Buch über amerikanische Luxuseisenbahnwagen. Bezeichnenderweise hat er sich in ein Nebenthema „verrannt" (13), ist also auf Irrwegen, als er Agnes das erste Mal sieht. Sie setzt sich zufällig im großen Lesesaal auf den Platz ihm gegenüber.

ANBAHNUNG DER BEZIEHUNG ZWISCHEN AGNES UND DEM ICH-ERZÄHLER

Als sich ihre Blicke treffen, vermeidet sie die Kontaktaufnahme. Überhaupt gibt sie sich unnahbar. Als der Erzähler versucht, die Titel der Bücher zu entziffern, die sie mitgebracht hat, zieht sie den „Stapel mit einer leichten Drehung gegen sich" (13).

Agnes' äußere Erscheinung wird für den Leser nicht greifbar. Der Erzähler beschreibt sie als schlank und nicht sehr groß. Mit ihrem dichten braunen, schulterlangen Haar und einem bleichen, ungeschminkten Gesicht ist sie „nicht auffallend". Nur ihr „Blick" (14) ist für ihn außergewöhnlich und fasziniert ihn so, dass er sich nicht mehr konzentrieren kann. Unwillkürlich schaut er immer wieder zu ihr hinüber („ich konnte nicht anders") und folgt ihr sogar nach draußen, „ohne recht zu wissen weshalb" (14). Offenbar hat er die Kontrolle über sich selbst verloren – ein Schwäche, die im weiteren Verlauf des Romans wiederholt zu sehen sein wird.

Agnes' Äußeres nicht auffallend

Kontrollverlust des Erzählers

Vor dem Lesesaal verliert sich jedoch Agnes' Spur, so dass sich der Erzähler allein auf die Freitreppe setzt, um eine Zigarette zu rauchen. Ihm graut schon vor der „Leere des Abends" (14), der ihm bevorsteht. Die innere Kälte, die er in dieser Situation empfindet, korrespondiert mit seiner Einsamkeit und Beziehungsunfähigkeit.

Isoliertheit und Beziehungsunfähigkeit des Erzählers

> Ich kannte kaum jemanden in der Stadt. Niemanden, um genau zu sein. Ein paarmal hatte ich mich verliebt in ein Gesicht, aber ich hatte gelernt, solchen Gefühlen auszuweichen, bevor sie zu einer Bedrohung wurden. Ich hatte einige gescheiterte Beziehungen hinter mir und hatte mich, ohne wirklich einen Entschluß zu fassen, für den Moment mit dem Alleinsein abgefunden. (14 f.)

In diesem Moment setzt sich allerdings die noch unbekannte Frau direkt neben ihn. Als sie eine Packung Zigaretten herauskramt, bietet er ihr äußerst klischeehaft Feuer an. Damit ist das Eis gebrochen. Es ist der Erzähler, der die Beziehung vorantreibt, indem er sie nach ihrem Namen fragt. Später will er noch wissen, ob sie am nächsten Tag ebenfalls wieder in die Bibliothek komme.

Konsequent baut der Ich-Erzähler eine Aura der Rätselhaftigkeit um die Protagonistin des Romans auf. Für ihn

Agnes als rätselhafte Figur

ist Agnes „ein seltsamer Name" (16). Darüber hinaus bekennt er, dass er ihren Blick nicht versteht (15).

... 3 ...

Am nächsten Tag beginnt die Beziehung nicht dort, wo sie am Vortag aufgehört hatte, sondern setzt auf einer persönlicheren Ebene ein. Nach Einschätzung des Erzählers sind die beiden „über Nacht vertrauter miteinander geworden" (18). Dies mag durchaus auf beide Figuren zurückzuführen sein. Bemerkenswert ist jedoch vor allem die folgende Aussage des Ich-Erzählers:

„Über Nacht vertrauter"

> In meinem Kopf war unsere Beziehung viel weiter gediehen als in Wirklichkeit. Ich begann schon, mir über sie Gedanken zu machen, hatte schon Zweifel, dabei hatten wir uns noch nicht einmal verabredet. (17)

Zentrales Motiv: Fiktion eilt der Realität voraus

Hier wird nicht nur das zentrale Leitmotiv – das Verhältnis von Fiktion und Wirklichkeit – aufgegriffen, sondern in einer für den Roman prägenden Weise entfaltet. Es wird zum System werden, dass die Fantasie, das gemachte Bild, der Realität vorauseilt.

Herbert und die Frau im schwarzen Kleid

Agnes selbst tut ein Übriges, um die Beziehung während ihres Pausengespräches vor der Bibliothek zu vertiefen. Unvermittelt erzählt sie von einer seltsamen Begegnung eines Freundes namens Herbert. Dieser habe kürzlich eine ihm unbekannte Frau getroffen, mit der er sofort eine gewisse Seelenverwandtschaft verspürte. Die Frau im schwarzen Kleid habe ihn auf den Mund geküsst und sei dann weitergegangen. Agnes ist es im Nachhinein peinlich, die Geschichte erzählt zu haben. Sie hat jedoch eine wichtige Funktion, spiegelt sie doch das Motiv der spontanen Liebe zwischen zwei Fremden, die sich auch zwischen Agnes und dem Ich-Erzähler zu entwickeln beginnt.

Spiegelung der Liebesbeziehung der Protagonisten

Gefallen an der Anonymität

Am folgenden Tag lädt der Erzähler Agnes in einen Coffee Shop ein, in dem er seit Wochen morgens seine Zeitung liest. In seiner generellen Beziehungsunfähigkeit schätzt er offensichtlich die Anonymität dieses Ortes.

ANBAHNUNG DER BEZIEHUNG ZWISCHEN AGNES UND DEM ICH-ERZÄHLER

… aber ich mochte das Lokal, weil mich noch immer keine der Kellnerinnen kannte und mit mir zu plaudern versuchte, weil mir kein Lieblingstisch freigehalten wurde und weil ich jeden Morgen gefragt wurde, was ich wünsche, obwohl es immer dasselbe war. (19 f.)

Agnes erzählt, dass sie Physik studiert habe und an ihrer Dissertation über die Symmetrien der Symmetriegruppen von Kristallgittern schreibe. Sie habe eine Assistentenstelle an der Universität. Ihre Eltern seien vor einigen Jahren nach Florida gezogen und hätten sie in ihrer Geburtsstadt Chicago allein zurückgelassen. Die 25-jährige Physikerin spielt Cello und liebt Malerei sowie Gedichte. Sie sagt von sich, dass sie „kein sehr sozialer Mensch" (20) sei. Ihre Kontakte beschränken sich auf drei Streicherinnen, mit denen sie wöchentlich musiziert. Ihre mangelnde soziale Kompetenz zeigt sich auch daran, dass sie den Erzähler nicht nach seiner Arbeit fragt, was zumindest die Höflichkeit geboten hätte.

> 25-jährige Physikerin ist kein sozialer Mensch

Die junge Frau wird in diesen Passagen als eine äußerst rationale, emotional unterkühlte und Distanz haltende Person charakterisiert. Dieser Eindruck wird verstärkt durch die Gesprächsthemen, von denen der Erzähler berichtet. Sie liebt es, über Ideen zu sprechen, über Kunst, Politik und Wissenschaft zu diskutieren. Sie vertritt ihre strengen Ansichten mit einem seltsamen Ernst. Nur „stichwortartig" (20) sprechen die beiden von sich selbst. Auch später, als sie sich besser kennen, vermeidet es Agnes, über ihr Privatleben zu sprechen.

> Agnes hält Distanz, spricht nicht über Privatleben

... 4 ...

Durch ihre nicht verabredeten Begegnungen in der Bibliothek gewöhnen sich der Ich-Erzähler und Agnes langsam aneinander. Nach einigen Wochen lädt er sie dann aber in ein chinesisches Restaurant ein. Als der Erzähler vor dem Restaurant eintrifft, findet er eine tote junge Frau, die „nicht älter als Agnes" (22) ist.

> Einladung in chinesisches Restaurant

Durch diese Episode wird das Leitmotiv des Todes erneut aufgegriffen und mit dem Schicksal der Protagonistin verknüpft. Die Funktion dieser Episode ist demnach, auf das Ende des Romans zu verweisen. Vordergründig

> Tote Frau verweist auf Agnes' Ende

ANBAHNUNG DER BEZIEHUNG ZWISCHEN AGNES UND DEM ICH-ERZÄHLER

initiiert sie ein Gespräch zwischen den Verliebten, welches die spätere Entwicklung andeutet. Nicht zuletzt wird die grundlegende Schwierigkeit der beiden, miteinander zu kommunizieren, exemplarisch vorweggenommen.

Schweigen, Krankheit und Tod

> Wir hatten einen Augenblick lang schweigend dagesessen, als sie plötzlich sagte: „Ich habe Angst vor dem Tod."
> „Weshalb?", fragte ich erstaunt. „Bist du krank?"
> „Nein, nicht jetzt", sagte sie, „aber irgendwann stirbt man ja doch."
> (…)
> „Offenbar hast du nicht sehr lang darüber nachgedacht", sagte Agnes kühl.
> „Nein", gab ich zu, „es gibt Themen, die mich mehr interessieren." (…)
> Wir schwiegen. (23 f.)

Angesichts der Tatsache, dass es ihre erste richtige Verabredung ist, überrascht es den Erzähler, dass Agnes „wie selbstverständlich" (25) am Ende des Abends mit zu ihm kommt.

… 5 …

Beide haben offenbar gleichermaßen das Verlangen, miteinander zu schlafen. Schon im Fahrstuhl in den 27. Stock beginnen die Zärtlichkeiten, in der Wohnung geht alles „sehr schnell" (26). Die 25-jährige Frau ist sexuell unerfahren, doch wirkt sie „ruhig" und „unbefangen" (26) auf den Erzähler. Der etwa 40-jährige Sachbuchautor findet, er könnte fast ihr Vater sein, was sie jedoch lapidar mit der Bemerkung „aber du bist es nicht" (26) abtut.

Agnes ist sexuell unerfahren

15 Jahre Altersunterschied

Agnes hat die tote Frau vom Vorabend anscheinend noch nicht verarbeitet und fragt den Erzähler, ob er an ein Leben nach dem Tod glaube, was dieser verneint. Verallgemeinernd führt er jedoch aus:

> „In irgendeiner Form leben wir alle nach unserem Tod weiter. In der Erinnerung anderer Menschen, von unseren Kindern. Und in dem, was wir geschaffen haben."
> „Schreibst du deshalb Bücher? Weil du keine Kinder hast?"

ANBAHNUNG DER BEZIEHUNG ZWISCHEN AGNES UND DEM ICH-ERZÄHLER

> „Ich will nicht ewig leben. Im Gegenteil. Ich möchte keine
> Spuren hinterlassen."
> „Doch", sagte Agnes. (28)

Damit wird ein weiteres wichtiges Leitmotiv des Romans entfaltet. Für Agnes ist es von zentraler Bedeutung, Spuren zu hinterlassen. Letztlich ist es für sie ein Beleg, existiert zu haben. Als Zeugen der Hinterlassenschaft werden hier sowohl Werke, die geschaffen worden sind, als auch leibliche Nachkommen genannt. Besonders interessant ist der Hinweis auf die Literatur als Kinderersatz, ein weiteres Element im Spiel zwischen Fiktion und Wirklichkeit. Konkret verweist diese Stelle einerseits auf Agnes' Fehlgeburt und andererseits auf die Geschichte des Erzählers, die den Tod der Protagonistin überdauern wird.

Leitmotiv: Spuren hinterlassen

Literatur als Kinderersatz

. . . 6 . . .

Am nächsten Tag glaubt der Erzähler, dass Agnes' Unbefangenheit, sich nackt zu zeigen, verloren gegangen sei, da sie sich im Badezimmer einschließt, um zu duschen. Die junge Frau beschreibt dieses merkwürdige Verhalten jedoch als Ergebnis kindlich-pubertärer Urerfahrungen im Elternhaus:

Einschließen im Badezimmer verweist auf schwieriges Verhältnis von Agnes zu ihren Eltern, insbesondere zum Vater

> … ich schließe immer ab, auch wenn ich allein zu Hause bin.
> Bei meinen Eltern gab es keinen Badezimmerschlüssel.
> Manchmal sind sie auf die Toilette gegangen, während ich
> duschte. (29)

Diese Marotte reißt das problematische Verhältnis von Agnes zu ihren Eltern an, das im Verlauf des Kapitels weiter entfaltet wird. Während die Mutter für den Leser kaum sichtbar wird, baut der Roman konsequent eine konfliktreiche Vater-Tochter-Beziehung auf. Gegen den Willen von Agnes – „obwohl ich es haßte" (32) wie sie erzählt – habe ihr Vater sie als Kind zu den Pfadfindern geschickt. In einem Lager mit dem bezeichnenden Namen „Catskills" (vgl. ‚kill' als Todesmotiv) sei die Nachbarstochter durch einen Unfall zu Tode gekommen. Agnes empfindet für das Mädchen keine Trauer, da das Verhältnis der beiden gebrochen war. Agnes' Vater habe sie wie seine eigene Tochter behandelt und immer ge-

Tod der Nachbarstochter im Pfadfinderlager

13

sagt, „so ein Mädchen hätte er gerne gehabt" (33). Der Vater habe bitterlich geweint, als er vom Tod des Mädchens erfahren habe. Agnes glaubt, „er hätte weniger geweint oder gar nicht, wenn [sie] gestorben wäre." (33)

Symbolhafte Sprachbarriere: Agnes kann Bücher des Erzählers nicht verstehen

Erstmalig zeigt Agnes Interesse an der Arbeit des Erzählers. Beim Blick in die Bücher stellt die Sprachbarriere ein unüberwindliches Hindernis dar, da der schweizerische Erzähler in deutscher Sprache schreibt. Sinnbildlich für ihre gesamte Kommunikation bleibt die Arbeit des anderen unverständlich und rätselhaft.

Der Erzähler fasst deshalb sein bisheriges literarisches Wirken zusammen, welches nicht nur Sachbücher umfasst. Neben einem Band mit Kurzgeschichten, den er ihr zeigt, erwähnt er einen fehlgeschlagenen Romanversuch, bei dem er aber über die ersten fünfzig Seiten nicht hinausgekommen ist. Als Grund für das Scheitern fiktionaler literarischer Projekte gibt er an:

> Ich habe es nie geschafft, meine Stoffe zu beherrschen. Es blieb immer alles künstlich. Ich habe mich an meinen eigenen Worten berauscht. (30)

Erzähler kann seinen literarischen Stoff nicht kontrollieren (vgl. Schluss der Geschichte)

Dies ist ein wichtiger Hinweis auf die spätere Geschichte, die der Erzähler über Agnes und sich schreibt. Auch dort wird er wie in einem Rausch ihren Tod dichterisch fixieren, dem der reale Tod von Agnes folgt.

Darüber hinaus wird das Leitmotiv des Spurenhinterlassens wieder aufgegriffen. Agnes genießt den Gedanken, dass man ihre Dissertation in der Bibliothek finden und auf ihren Namen stoßen wird, wenn man sich mit einem ähnlichen Thema wissenschaftlich auseinandersetzt. Ergänzend bringt sie das Gespräch auf die bronzezeitlichen Steinkreise im englischen Stonehenge.

Stonehenge als Zeichen für die Nachwelt

Entgegen gängigen Interpretationen, nach denen eine mythologische Bedeutung damit verbunden sei, formuliert sie die These, dass die Steine nur deshalb aufgestellt worden seien, „um eine Spur zu hinterlassen, ein Zeichen zu setzen" (32).

Verschwinden in den Wäldern nimmt Agnes' Tod vorweg

Dort, wo keine Zeichen gesetzt werden, droht die Natur sämtliche Spuren zu verwischen. Dies versucht sie mit den endlosen Wäldern rund um Chicago zu belegen.

Man könnte „verschwinden und würde nie mehr gefunden" (32). Der Hinweis auf die lokalen Gegebenheiten hat jedoch noch eine andere Funktion, denn er nimmt Agnes' Verschwinden und Tod am Ende des Romans gleichsam vorweg.

...7...

Ende Juni fährt der Erzähler für einige Tage nach New York, um sich einige Bücher zu beschaffen, die er in Chicago nicht bekommen kann. Eine dicke, unangenehm riechende Frau setzt sich neben ihn. Angesichts ihrer Körperfülle ist es ihm unmöglich, „ihrer Berührung auszuweichen" (34). Sie erzählt ihm, dass sie auf dem Weg zu ihrem Liebsten sei, einem Algerier, den sie über eine Partneragentur vermittelt bekommen, jedoch bisher noch nie gesehen hat. Der Erzähler warnt sie, dass nicht alle Männer es gut meinen würden, aber sie ist voller naiver Empathie gegenüber dem unbekannten Mann. Angesichts seines Fotos und seines liebevollen Briefes kann sie sich nicht vorstellen, dass dieser es nicht ernst meint. Ihre Lektüre des Buches „What Good Girls Don't Do" (35) – vermutlich eine Anleitung zum Sex – offenbart, dass sie fest entschlossen ist, sich dem Unbekannten hinzugeben.

Berührungsängste des Erzählers

Dicke Frau im Zug

Wie die anderen Binnenerzählungen treibt auch diese Episode die Handlung nicht voran, sondern besitzt in erster Linie Verweischarakter. Sie spiegelt die Beziehung zwischen dem Erzähler und Agnes. In diesem Zusammenhang sind zunächst die generellen Berührungsängste des Erzählers zu nennen, hier stellvertretend für seine allgemeine Beziehungsunfähigkeit. Wie in der Geschichte über Herbert und die Frau im schwarzen Kleid wird die Liebe zwischen zwei Unbekannten thematisiert.

Spiegelung der Liebesgeschichte zwischen Erzähler und Agnes

...8...

Nach seiner Rückkehr lädt ihn Agnes erstmalig zu sich nach Hause ein. Sie lebt offenbar in einem Ein-Zimmer-Apartment mit einer separaten Küche. Dem Ich-Erzähler fällt auf, dass sich Agnes auf den ersten Blick Mühe ge-

Sterile, leblose Studentenwohnung ohne Bücher

geben hatte, den Wohnraum gemütlich einzurichten. Bei genauerem Hinsehen wirkt die Studentenwohnung allerdings merkwürdig steril.

> Überall standen Topfpflanzen, dennoch wirkte das Zimmer unbelebt, als sei es seit Jahren von keinem Menschen betreten worden. (39)

Dieser Eindruck mag auch dadurch zustande kommen, dass Agnes außer einigen Fachbüchern und Computeranleitungen kaum Bücher besitzt. Eine erwähnenswerte Ausnahme bildet die Gedichtsammlung *Norton Anthology of Poetry*. Bemerkenswert ist auch ein abstoßendes Theaterplakat von Oskar Kokoschka, das den skurrilen Titel „Mörder, Hoffnung der Frauen" trägt.

Vater-Tochter-Konflikt bei Diplomfeier

Das Aufsehen des Erzählers erregt aber vor allen Dingen ein Foto von Agnes, das drei Jahre zuvor während ihrer Abschlussfeier an der Universität gemacht worden ist. Obwohl sie lächelt, wirkt ihr Blick „abweisend und verschlossen" (38). Agnes kommentiert, dass ihr Vater dieses Bild gemacht habe. Ihre Eltern seien damals extra aus Florida angereist. Sie habe angeboten, dass sie bei ihr hätten übernachten können, doch ihr Vater habe darauf bestanden, in ein Hotel zu gehen. Während der Feier habe sie Herbert kennen gelernt, der als Kellner für eine Catering-Firma dort arbeitete. Agnes' Vater habe dessen Flirt mit der Tochter wütend gemacht, was wiederum Agnes zur Raserei getrieben hätte. Als er ihr eine Szene gemacht habe und sie mit nach Hause nehmen wollte, sei sie aus Trotz länger geblieben und hätte sich demonstrativ mit Herbert nach dessen Schicht zum Tanzen verabredet. Ihr Vater hätte sie darauf ein „Flittchen" (40) genannt, ohne dass etwas zwischen Herbert und ihr gewesen sei.

Agnes' Schreibversuch mit Parallelen zum Romangeschehen

Erst nach dem gemeinsamen Essen offenbart Agnes den wahren Grund ihrer Einladung. In der Abwesenheit des Erzählers hat sie eine Geschichte geschrieben und bittet ihn nun um einen aufmunternden Kommentar.

Die kursiv gedruckte Geschichte enthält wesentliche Motive der Beziehung zwischen den beiden Protagonisten. Insbesondere spiegelt sie Anfang und Ende des Romans wider. Deutliche Parallelen ergeben sich in Bezug auf das Kennenlernen der beiden und ihre grundlegende innere Distanz zueinander.

> *Ein Mann starrt mich an. Er setzt sich neben mich. Er steht auf,*
> *als ich aufstehe. Er folgt mir, als ich aussteige. Wenn ich mich*
> *umdrehe, kann ich ihn nicht sehen, so nahe ist er mir. Aber er*
> *berührt mich nicht. Er folgt mir. Er spricht nicht. Er ist immer*
> *bei mir, bei Tag und in der Nacht. Er schläft mit mir, ohne mich*
> *zu berühren.* (42)

Der Verweis darauf, dass sie das Haus verlässt und mit dem Zug fährt, findet seine Entsprechung im Ende der fiktiven Geschichte des Autors (vgl. 151).

Der Erzähler reagiert abweisend. Der Text kommt ihm so vor wie eine „mathematische Formel" (43). Seine vernichtende Kritik ist in Wahrheit jedoch der Spiegel seiner verletzten Eitelkeit, denn Agnes' Text ist besser als alles, was er „in den letzten zehn Jahren geschrieben" (43) hat. Die junge Frau ist aufgrund des Urteils gekränkt, was an ihrem mehrfach erwähnten Schweigen abzulesen ist. Kurzerhand löscht sie den Text von ihrem Computer.

Vernichtende Kritik aus Eitelkeit

Nachdem sie beim Schreiben – also dem Fachgebiet des Erzählers – gescheitert ist, versucht sie ihr Gegenüber durch einen begeisterten Vortrag für ihre wissenschaftliche Arbeit einzunehmen. Aus diesem Grund zeigt sie ihm Röntgenbilder von Kristallgittern. Auf den ersten Blick sehen die trüben Glasplatten alle gleich aus. Im Licht betrachtet bilden die winzigen Punkte aber unterschiedliche Muster. Diese Punkte scheinen ihr ganzes Glück zu sein. Besonders die Symmetrie mit ihrer geheimnisvollen Leere in der Mitte fasziniert die Physikerin. Auf die kritische Frage des Erzählers, was die Symmetrie mit dem Leben bzw. mit ihnen zu tun habe, da sie asymmetrisch seien, entgegnet Agnes, dass Asymmetrie das Leben überhaupt erst möglich mache. Dies belegt sie mit dem Unterschied zwischen den Geschlechtern.

Agnes' Begeisterung für ihre Arbeit

Punkte und Glück

Dies scheint wie ein Stichwort zu wirken, denn der Erzähler trägt sie zu ihrem provisorischen Bett. Am Morgen nach der gemeinsamen Liebesnacht stören den Erzähler Klopfgeräusche. Agnes empfindet diese ge-

Unterschiedliche Bewertung der Klopfgeräusche

wohnten Laute der Heizungsrohre als Wohltat, geben sie ihr doch das Gefühl „nicht allein zu sein" (46), wenn sie nachts aufwacht.

Die fiktive Geschichte beginnt die Wirklichkeit zu ersetzen

Das Schreiben über Agnes verändert die Beziehung (Kapitel 9–17)

➡ Agnes bittet den Erzähler, ihre Liebesgeschichte als ein literarisches Portrait anzufertigen.

➡ Durch das Schreiben gerät der Erzähler in eine körperliche Abhängigkeit gegenüber Agnes.

➡ Im Spätsommer überholt die fiktive Geschichte die Gegenwart. Die literarische Zukunftsprojektion gibt von nun an die Realität vor.

➡ Der eintönige Beziehungsalltag eignet sich nicht für die literarische Verarbeitung. An einem Wendepunkt des Romans formuliert der Erzähler die Erkenntnis, dass etwas passieren muss.

➡ Seurats pointillistisches Gemälde „Un Dimanche d'été l'Ile de la Grande Jatte" reflektiert die Beziehung der beiden Protagonisten.

➡ Agnes' Ohnmacht während ihres gemeinsamen Ausflugs in den Hoosier Nationalpark am Columbus Day verweist auf ihren späteren Tod.

··· **9** ···

Agnes' Bitte um ein literarisches Portrait

Am Vorabend des amerikanischen Unabhängigkeitstages bittet Agnes den Erzähler, eine Geschichte über sie zu schreiben. Sie möchte ein literarisches Portrait, nachdem alle Fotos von ihr sie nicht so darstellten, wie sie sei. Dabei ist es gleichzeitig ihre Intention, festzustellen, was der Erzähler von ihr hält.

Dieser zögert, da er behauptet, noch nie Geschichten über lebende Personen geschrieben zu haben. Im Anfangsstadium sei er zwar von jemandem, den er kannte, ausgegangen, doch letztlich müsste eine fiktive Geschichte von realen Vorbildern frei sein. Auf die Frage, ob alle seine Erzählungen tatsächlich nichts mehr mit den ursprünglichen realen Vorbildern zu tun hätten, antwortet der Erzähler einschränkend:

DIE FIKTIVE GESCHICHTE BEGINNT DIE WIRKLICHKEIT ZU ERSETZEN

> Doch […] mit dem Bild, das ich mir von ihnen gemacht hatte. Vielleicht zu sehr. Meine damalige Freundin trennte sich von mir, weil sie sich in einer der Geschichten wiedererkannt hatte. (50)

Geschichten haben mehr mit gemachtem Bild als mit Realität zu tun

Die Bemerkung des Erzählers führt nicht nur die Bildnis- bzw. Identitätsproblematik in die Handlung ein, sondern enthält auch das Motiv der späteren Trennung der beiden Protagonisten.

Schließlich lässt sich der Sachbuchautor aus Neugier auf das Experiment ein, ihre „Liebesgeschichte" (50) zu schreiben, obwohl er „keine Kontrolle darüber" (50) hat und so nicht weiß, was herauskommen wird. Agnes drängt auf einen sofortigen Beginn, während sich der Ich-Erzähler zuvor noch das abendliche Feuerwerk anschauen möchte. In einer für den Roman paradigmatischen Art und Weise instrumentalisiert er die fiktive Geschichte, um die Wirklichkeit zu manipulieren. Obwohl Agnes kein Interesse am Feuerwerk hat, schreibt er auf, dass sie „gemeinsam" (51) das Lichterspiel auf der Dachterrasse beobachteten. Agnes folgt der literarischen Vorlage.

Erzähler besitzt keine Kontrolle über Liebesge-schichte

Fiktion gibt Realität vor

... 10 ...

Obwohl es Agnes auf der Terrasse noch geleugnet hatte, beginnt an dieser Stelle ihr Frieren als Ausdruck einer bedrohten bzw. am Ende verloren gegangenen Identität.

Beginn von Agnes' Frieren

Der Erzähler fordert die junge Frau dazu auf, wie für einen Maler „Modell [zu] sitzen" (53). Als ob sie fotografiert werden soll, streicht Agnes Haare und Kleidung zurecht. Anfangs verstehen beide das Experiment als Spiel. Schnell wird jedoch klar, dass die dichterische Freiheit des Erzählers keineswegs beliebig ist, denn sie weist ihn darauf hin, „es muß schon stimmen" (53). Zu nah an der Realität darf das Portrait allerdings auch nicht sein. Schlechte Eigenschaften bzw. ungewünschte Charakterzüge soll der Erzähler nicht erwähnen. So muss er streichen, dass sie bei ihrer ersten Begegnung rot wurde, da sie als Kind damit ein Problem hatte. Aus diesem Grund greift der Erzähler zu der Strategie, gott-

Spiel: Modell sitzen

Unterdrückung ungewollter Charakterzüge

gleich sein Geschöpf neu zu erfinden. Auch dieses bleibt nicht ohne Widerspruch.

Erzähler als gottgleicher Schöpfer

> „Gut", sagte ich, „du wirst aus meinem Kopf neu geboren wie Athene aus dem Kopf von Zeus, weise, schön und unnahbar."
> „Ich will aber nicht unnahbar sein", sagte Agnes und küßte mich auf den Mund. (55)

Dass die Wahrheit bei diesem Schöpfungsakt verbogen wird, zeigt sich schon bei den ersten tastenden Schreibversuchen. In der kursiv gesetzten Passage, die die fiktionale Geschichte signalisiert, werden ihre ersten Begegnungen anders dargestellt als im vordergründigen Romangeschehen. Diskrepanzen gibt es hier nur im De-

Inhaltliche Diskrepanzen

tail, aber diese markieren von Beginn an das Auseinanderklaffen von Realität und erinnertem Bild. So behauptet beispielsweise der Erzähler in der Binnengeschichte, dass er Agnes bereits bei ihrem ersten Treffen zu einem Kaffee eingeladen habe. Vorher hatte er dem Leser des Romans mitgeteilt, dass er erst beim dritten Treffen mit ihr in einen Coffee Shop gegangen sei (vgl. 19, 54). Darüber hinaus erinnert er die Gesprächsthemen der ersten

Unzuverlässiger Erzähler

Begegnung falsch. Durch diese unbewussten Erinnerungslücken oder möglicherweise auch bewussten Täuschungsversuche verliert der Erzähler an Glaubwürdigkeit.

... 11 ...

Die Problematik des verlässlichen Erzählens wird im elften Kapitel erneut aufgegriffen und vertieft. Beim gemeinsamen Lesen der fiktiven Geschichte ist der Erzähler erstaunt, wie vieles Agnes und er „anders erlebt oder anders in Erinnerung hatten" (56). Er belegt dies mit

Unterschiedliche Erinnerung an den Restaurant-Besuch

dem Restaurant für ihr erstes Rendezvous. Während Agnes behauptet, es sei in einem indischen Restaurant gewesen, glaubt sich der Erzähler an ein chinesisches erinnern zu können. Schließlich gibt er ihr – fälschlicherweise (vgl. 22!) – recht.

Darüber hinaus wird deutlich, dass beide Ereignissen unterschiedliche Bedeutung beimessen.

> Manches, was ich ausführlich beschrieb, empfand sie als belanglos. Anderes, was ihr wichtig war, kam in der Geschichte gar nicht vor oder nur kurz, wie die tote Frau, die wir an jenem Abend vor dem Restaurant gefunden hatten.

> Ich erwähnte den Vorfall, schrieb aber nichts weiter darüber, nicht, daß wir später deren Geschichte erfahren hatten und sogar an ihrer Beerdigung gewesen waren. Agnes hatte großen Anteil an ihr genommen und den Angehörigen der Toten mehrmals geschrieben. (56 f.)

Erst jetzt und nur beiläufig erfährt der Leser weitere Einzelheiten zu der Episode mit der toten Frau. Es ist auf Grund dieser Textstelle anzunehmen, dass der Erzähler vermutlich während des gesamten Romans nicht alle Informationen preisgibt, sondern selektiert, gewichtet und nicht zuletzt wohl auch verschweigt. Im Kern heißt dies, dass dem Erzähler nicht zu trauen ist.

Erzähler wählt aus, gewichtet und verschweigt

Im Sommer ist die fiktive Geschichte über die drei bis vier Monate andauernde Liebesbeziehung nach Auskunft des Erzählers schon zu einer beachtlichen Länge angewachsen, bis sie spät im August „endlich die Gegenwart" (57) erreicht. Diese ist in der Realität wenig ereignisreich. Anfang September verbringen die beiden Liebenden einen Tag in einem Park, in dem sie am Nachmittag am See ein Picknick veranstalten. Als Agnes nach dem Essen einschläft, hat der Erzähler die Gelegenheit, sie lange aus der Nähe zu betrachten.

Geschichte erreicht die Gegenwart

> Ich schaute sie an und erkannte sie nicht. Ihr Gesicht erschien mir wie eine unbekannte Landschaft. […] Ich bemerkte zum erstenmal die flaumigen Mulden seitlich der Augen, die Rundung des Kinns und der Wangen. Das ganze Gesicht schien mir fremd, unheimlich, und doch war es mir, als sähe ich es wirklicher als jemals zuvor, unmittelbar. (58 f.)

Die Textpassage belegt, dass sich der Erzähler und Agnes trotz der emotionalen und körperlichen Nähe fremd sind. Der Ich-Erzähler beschreibt es auch gegenüber der jungen Frau als „ein seltsames Gefühl" (59), ihr ganz nahe zu sein. Diese Bemerkung führt jedoch nur zu einer noch größeren Entfremdung, die in beiderseitigem Schweigen deutlich wird.

Fremdheit trotz körperlicher Nähe

DIE FIKTIVE GESCHICHTE BEGINNT DIE WIRKLICHKEIT ZU ERSETZEN

... 12 ...

Veränderung der Liebe – körperliche Abhängigkeit des Erzählers

Das Schreiben verändert die Liebe des Erzählers gegenüber Agnes. Er fühlt eine „fast körperliche Abhängigkeit" und empfindet sich in ihrer Abwesenheit nur als „halber Mensch" (61). Dies ist für ihn eine völlig neue Erfahrung. In vergangenen Beziehungen war ihm seine Freiheit sehr wichtig, so dass er viel Zeit für sich allein beansprucht hatte. Im Gegensatz dazu kann er Agnes nicht oft genug sehen. Er ist von ihr bzw. durch sie „berauscht" (61).

Agnes' Rituale und Berührungsangst

Gleichzeitig muss er konstatieren, dass er sie kaum kennt. Ihm fallen lediglich ihre rätselhaften Rituale auf, wie sie zum Beispiel im Restaurant stets das Besteck zurechtrückt oder mit ihrer Hand an Möbelstücken entlangstreift. Während sie Gegenstände unentwegt befingert, berührt sie „nie fremde Menschen" (62) und vermeidet es, von ihnen berührt zu werden. Dies mag auch als übertragener Ausdruck einer personalen Berührungs- und Bindungsangst verstanden werden.

Geschichte überholt Gegenwart

Nachdem die fiktive Geschichte im vorangegangenen Kapitel die Gegenwart erreicht hatte, stößt der Erzähler nun in die Zukunft vor. Damit ist er durch die Realität nicht mehr beschränkt.

> Jetzt war Agnes mein Geschöpf. Ich fühlte, wie die neugewonnene Freiheit meine Phantasie beflügelte. Ich plante ihre Zukunft, wie ein Vater die Zukunft seiner Tochter plant. Sie würde eine brillante Doktorarbeit schreiben und erfolgreich sein an der Universität. Wir würden glücklich miteinander werden. (62)

Agnes als Geschöpf des Erzählers – Verlust einer selbstbestimmten Identität

In diesem Moment verliert die junge Physikerin ihre selbstbestimmte Identität. Sie wird zur Marionette des literarischen Schöpfers, der ihre Wege vorherbestimmt. Die Wirklichkeit hinkt von nun an hinterher und erhält ihre Vorgaben durch die fiktive Geschichte. Einen kleinen Vorgeschmack erhält der Leser am Ende des Kapitels.

> „Du kommst im dunkelblauen Kleid", sagte ich.
> „Wie meinst du das?", fragte sie erstaunt.
> „Ich habe die Gegenwart überholt", sagte ich, „ich weiß schon, was geschehen wird." (63)

. . . 13 . . .

Tatsächlich trägt Agnes am nächsten Tag das besagte blaue Kleid. Spielerisch zitiert der Erzähler aus seiner Geschichte und gibt damit der jungen Frau vor, wie sie sich zu verhalten hat. Der im literarischen Text fixierten Umarmung folgt ihre nachahmende Handlungsweise. Sie hat ihre Rolle so sehr angenommen, dass sie wissen möchte, was sie zu tun hat, denn sie „möchte keine Fehler machen" (65).

Agnes nimmt die Rolle bereitwillig an

Den kleineren Vorgaben folgt schließlich eine elementare Weichenstellung, nämlich die Entscheidung, ob sie zu ihm ziehen wolle. Der Erzähler fragt sie nicht persönlich, sondern formuliert es selbstsicher in der niedergeschriebenen Geschichte. Erst nachgeschoben stammelt er die entsprechenden Worte heraus. Damit hat aber die Fiktion die Realität nicht nur überholt, sondern beginnt sie zu ersetzen. Agnes stimmt beinahe ohne zu zögern den Plänen des Erzählers zu. Wie brüchig die fiktionale Planung gegenüber der Realität sein kann, wird aber in den letzten Sätzen deutlich.

Fiktion ersetzt Realität

Fiktionale Planungen erweisen sich als brüchig

> *Wir tranken Champagner. Dann liebten wir uns, und um Mitternacht gingen wir hinauf aufs Dach und schauten uns die Sterne an.*
> Es regnete in jener Nacht, und wir sahen die Sterne nicht. In ihrem kurzen Kleid holte sich Agnes auf dem Dach eine Erkältung. (66)

. . . 14 . . .

In der Beziehung kehrt der Alltag ein, die Tage gleichen einander. Beide spielen ihre „Rolle[n]" (68), die das literarische Drehbuch ihnen vorgibt. Doch das immer gleiche glückliche Leben eignet sich nicht dafür, in einer Geschichte beschrieben zu werden. Daher kommt der Erzähler zu der Erkenntnis: „Es muß etwas passieren, damit die Geschichte interessanter wird" (68).

„Es muß etwas passieren"

Auf der Suche nach glücklichen Menschen gehen sie in das Art Institute of Chicago, um Bilder zu betrachten. Sie bleiben vor Seurats *Un Dimanche d'été à l'Ile de la Grande Jatte* hängen, eine Ruhe ausstrahlende Szene am nach-

Seurats pointillistisches Gemälde

mittäglichen Flussufer. Auf Grund der bewusst einge-
setzten Maltechnik sind die Farben nicht gemischt,
sondern nur dicht nebeneinandergesetzt. Erst aus der
Distanz mischen sich die Farben im Auge des Betrachters. Als sie nähertreten, zerfällt das Bild „in ein Meer
von kleinen Punkten" (68 f.).

Agnes identifiziert sich selbst als das „Mädchen im weißen Kleid" (69). Der Erzähler sei der Affe, doch dieser
sieht sich eher als der Mann mit der Trompete, dem kei-
ner zuhöre. Insgesamt hält er fest, dass Seurat keine
glücklichen Menschen auf die Leinwand gebannt hat.

„Glück malt man mit Punkten"

Die junge Physikerin verallgemeinert das künstlerische
Prinzip Seurats, wenn sie sagt, „Glück malt man mit
Punkten, Unglück mit Strichen" (69). Sie fordert ihn auf,
ihr Glück mit vielen kleinen Punkten zu beschreiben,
die man erst aus der Distanz als solches erkennen wird.

Bild spiegelt Verhältnis der Liebenden

Dies sind deutliche Hinweise darauf, dass das Bild ihr
eigenes Verhältnis widerspiegelt, das von einer distanzierten Haltung und innerer Isolation geprägt ist. Je näher sie sich kommen, desto eher droht das Glück zu
zerfallen.

. . . 15 . . .

Ausflug am Columbus Day

Den Columbus Day, den zweiten Montag im Oktober,
nutzen die beiden Protagonisten für ein verlängertes
Wochenende im Hoosier Nationalpark. Es ist ein weit-
läufiges Waldgebiet, das von Menschen aufgegeben worden ist. Die Natur hat die Spuren der Zivilisation
verwischt. Agnes filmt merkwürdigerweise den Park-
aufseher, denn für sie ist er ein „Zeuge" (71), ein leben-

Spuren in der Wildnis

diger Nachweis ihrer eigenen Existenz. Gerade in der
Wildnis ist das Hinterlassen von Spuren elementar für
das Überleben.

Agnes' innere Kälte

Sie wandern durch ein Gebiet, durch das offenbar seit
längerer Zeit niemand mehr gekommen ist, bis sie am
Abend an einem See campieren. Trotz des Lagerfeuers
friert Agnes. Dies ist als ein Anzeichen ihrer inneren Kälte zu verstehen. Schließlich fällt sie für kurze Zeit in

Ohnmachtsanfall

Ohnmacht, was ihren späteren Tod vorwegnimmt. Der

DIE FIKTIVE GESCHICHTE BEGINNT DIE WIRKLICHKEIT ZU ERSETZEN

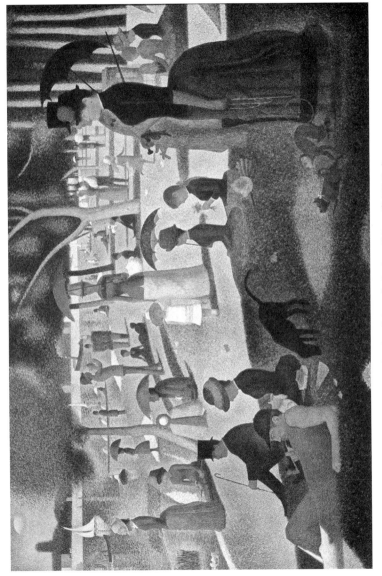

Georges Seurat. Ein Sonntagnachmittag auf der Insel La Grande Jatte. Art Institute Chicago © AKG, Berlin

DIE FIKTIVE GESCHICHTE BEGINNT DIE WIRKLICHKEIT ZU ERSETZEN

Erzähler empfindet in der Isolation der Natur „panische Angst" (73), da er die Situation nicht mehr unter Kontrolle hat.

... 16 ...

Agnes findet zu sich selbst – Einklang mit der Natur

Am nächsten Morgen geht es der jungen Frau besser. Sie scheint in einem vollkommenen Einklang mit der Natur zu sein. Ein erster Hinweis darauf ist, dass der Erzähler findet, sie sehe wie eine „Wilde" aus. Da niemand sie beobachten kann, zieht sie sich nackt aus und behauptet, so leben zu können. Verwundert fragt der Erzähler, ob sie keine Angst habe, in der Natur zu verschwinden, worauf sie mit den Worten „heute nicht" (76) antwortet. Während ihrer fortgesetzten Wanderung stoßen sie immer wieder auf Zeichen menschlicher Kultur. Zuletzt kommen sie zu einer verlassenen Siedlung, deren Friedhof Agnes besonders in den Bann zieht. In einem deutlichen Hinweis auf ihr späteres Schicksal sagt sie:

Friedhof

Tod durch Erfrieren

> Stell dir vor, in wenigen Wochen liegt hier Schnee, und dann kommt für Monate niemand hierher, und alles ist ganz still und verlassen. Es heißt, zu erfrieren sei ein schöner Tod. (77 f.)

... 17 ...

Heiratswunsch nur in der Fiktion

Fiktion und Realität vermischen sich immer mehr. In seiner Geschichte fragt der Erzähler Agnes, ob sie ihn heiraten wolle. In seiner Fantasie bejaht sie dies *„ganz selbstverständlich"* (80). In Wirklichkeit, so der Erzähler, habe er nie daran gedacht, sie zu fragen. Es ist sein Bild von ihr, das ihn lenkt, denn er glaubt „ihre Gefühle unbewußt erraten zu haben" (82).

Bedrückende Vision der Ehe als ausweglose Sackgasse

Im Unterbewusstsein scheint er zu wissen, dass der Gedanke an eine Eheschließung eine Sackgasse ist, denn er weiß nicht, wie er in seiner Geschichte fortfahren soll. Deshalb malt er sich lediglich in Gedanken aus, wie sich das Verhältnis weiter entwickeln könnte. Seine Vision, die nach dem bisherigen Muster eigentlich kursiv gedruckt sein müsste, ist bedrückend. Agnes und er begegnen sich in einem engen Treppenhaus mit kahlen Betonwänden. Sie wirft ihm vor, dass er verrückt bzw. krank sei. Sie habe ihn nie heiraten wollen. Er kontert mit der Anklage, dass sie ihn nie geliebt habe. Agnes rennt davon und entflieht offenbar durch eine Tür, die der Erzähler zuschlagen hört. Aus dem Treppenhaus gibt es für ihn keinen Ausweg, da die Eisentür „keine Klinke" hat. Hinter der Tür flüstert Agnes: „Du bist tot" (81).

Die Liebesbeziehung zerbricht

⟶ Auf der Halloween-Party gehen Agnes und der Erzähler getrennte Wege. ⟶ Als Agnes von ihrer Schwangerschaft berichtet, kann sich der Erzähler nicht mit dem Gedanken anfreunden, Vater zu werden. Er verlässt die Wohnung. Daraufhin zieht Agnes aus. ⟶ Während der Phase der emotionalen Distanz zu Agnes lernt der Erzähler Louise kennen. ⟶ In der Fiktion hält er die Beziehung aufrecht und lässt das Kind mit dem Namen Margaret zur Welt kommen. ⟶ Sein Freiheitsgefühl und Egoismus hindern ihn daran, Agnes zu besuchen, obwohl er weiß, dass sie schwer krank ist.	An Agnes' Schwangerschaft zerschellt das brüchige Glück (Kapitel 18–24)

. . . 18 . . .

Ein erstes Anzeichen, dass beide getrennte Wege gehen, ist die Halloween-Party am letzten Oktobertag. Der Erzähler folgt einer Einladung der Eisenbahngesellschaft Amtrak. Agnes ist enttäuscht und verärgert, denn sie hatte ihn seit langem zum Umzug und Maskenball der Universität eingeladen, an dem sie mit Eifer teilnimmt. Seit Wochen hat sie sich auf diesen Tag gefreut und mühevoll ein Elfenkleid genäht. Die Maskerade und das Rollenspiel sind Teil der Identitätsproblematik des Romans.

Getrennte Wege bei Halloween-Party

Maskerade und Identität

Der Erzähler verspricht, vor Mitternacht an die Universität zu kommen, um den Höhepunkt des Festes mitzuerleben. Er löst dieses Versprechen aber nicht ein, denn auf der Party lernt er Louise kennen. Sie arbeitet in der Public Relations-Abteilung von Pullman Leasing, einer Tochtergesellschaft der Eisenbahnwagenhersteller, über die der Erzähler beruflich schreibt. Privat haben sie ge-

Louise

DIE LIEBESBEZIEHUNG ZERBRICHT

Fremdheit in den USA

meinsam, dass sich beide in den USA fremd fühlen. Louise ist die Tochter eines französischen Kornhändlers und einer Amerikanerin. Obwohl sie ihr halbes Leben in Amerika verbracht hat, hat sie sich noch immer nicht an die Mentalität der Leute gewöhnt.

Gespräch über Europa und USA

Naturgemäß kreist ihr Gespräch um amerikanische Gebräuche und die Unterschiede zwischen Europa und den Vereinigten Staaten. Vom Balkon des Amtrak-Gebäudes beobachten sie das Maskentreiben zu Halloween, dem sie beide nichts abgewinnen können. Louise hat ihre festen Vorurteile gegenüber amerikanischen Frauen, die ihrer Ansicht nach stets „Wollunterhosen" (85) tragen, was der Erzähler nicht bestätigen kann.

Am Ende bietet sie ihm an, bei ihr in der Firma vorbeizukommen, um nicht öffentlich zugängliche Dokumente für seine Arbeit einzusehen.

... 19 ...

Bild von Agnes bekommt Risse

Viel zu spät kommt der Sachbuchautor zur Universität. Sein Versuch, Agnes im Trubel des Maskenballes zu finden, scheitert. Als sie nach Hause kommt, hilft er ihr aus ihrem Kostüm. Es dürfte symbolische Bedeutung haben, dass dabei eine Naht reißt. Sein Bild von ihr bekommt nämlich Risse, als er erkennt, dass sie in „hellbeiger Wollunterwäsche" (87) schwankend vor ihm steht.

Schwieriges Gespräch über gemeinsame Zukunft

Am nächsten Morgen ist die Stimmung schlecht. Agnes ist übel, entweder als ein Ergebnis des Alkoholgenusses am Vorabend oder bedingt durch die Schwangerschaft. Sie macht sich Sorgen um ihre gemeinsame Zukunft, ohne zunächst den Erzähler in die Hintergründe ihrer Fragen einzuweihen. Sie möchte wissen, was passiert, wenn er sein Buch über Eisenbahnluxuswagen fertig habe bzw. wo er dieses schreiben werde. Das Gespräch gestaltet sich schwierig. Zweimal wiederholt der Erzähler, dass beide schweigen.

Agnes ist schwanger – Körpersprache verrät sein Missfallen

Endlich platzt Agnes damit heraus, dass sie – offenbar ungewollt – schwanger sei. Der Frage, ob er sich freue, weicht er aus, doch seine Körpersprache verrät ihn. Er steht auf, um ein Bier zu holen. Dann setzt er sich neben sie, ohne sie zu berühren (89). Die Frage, wie dies trotz Verhütung habe geschehen können, führt ins Leere.

Abermals scheinen Realität und Fiktion vertauscht zu sein. In seiner geglaubten Allmacht, ihre gemeinsame Zukunft bestimmen zu können, formuliert der Erzähler:

Geglaubte Allmacht des Erzählers versagt

> „Agnes wird nicht schwanger", sagte ich. „Das war nicht … Du liebst mich nicht. Nicht wirklich."
> „Warum sagst du das? Es ist nicht wahr. Ich habe nie … nie habe ich das gesagt."
> „Ich kenne dich. Ich kenne dich vielleicht besser als du dich selbst." (89 f.)

Auf die Wirklichkeit bezogen macht er deutlich, dass er kein Kind wolle und keines „gebrauchen" (90) könne. Implizit drängt er Agnes zur Abtreibung. Sie ist verletzt und verzweifelt. In ihrer emotional aufgewühlten Lage können beide nicht über die Situation reden, so dass sie im Streit auseinandergehen. Agnes schickt den Erzähler weg, da er sie mit seiner Geschichte anwidere.

Geschichte widert Agnes an

… 20 …

Der Erzähler verlässt die Wohnung und geht spazieren, um seine Gedanken zu ordnen. In einem Café am See erlebt er den Einbruch der Dämmerung, bis er schließlich in den Scheiben nur noch sein „eigenes Spiegelbild" (92) erkennt. Er sieht demnach nur sich selbst, ohne die Position von Agnes zu berücksichtigen. Damit hat gleichzeitig die innere Isolation ihren vorläufigen Höhepunkt erreicht.

Symbolhaftes Spiegelbild

Er erinnert sich, dass er viele Jahre zuvor schon einmal geglaubt hatte, Vater zu werden, nachdem sein Kondom geplatzt war. Wochenlang hatte er sich mit seiner neuen Rolle auseinandergesetzt. Umso größer war seine Enttäuschung, als seine Freundin nicht schwanger wurde, was letztendlich zur Trennung führte. Seine Vorwürfe ihr gegenüber blieben unverstanden, da sie einer „anderen Frau galten, einer Frau, die nur in [seinen] Gedanken existierte" (92 f.).

Erinnerung an frühere Auseinandersetzung mit Vaterrolle

Als er nach Mitternacht zurückkehrt, ist Agnes verschwunden. Am nächsten Tag ruft sie den Erzähler an. Sie hat sich entschieden, das Kind ohne diesen zu be-

Agnes zieht aus

kommen. Sie möchte den Erzähler nicht noch einmal wiedersehen und bittet ihn deshalb, wegzugehen, während sie ihre Sachen holt. Er folgt diesem Wunsch. Als er zurückkehrt, sieht die Wohnung so aus wie vorher (95). Agnes' Auszug scheint keine Spuren zu hinterlassen, bis auf die Tatsache, dass sie in ihrem pedantischen Ordnungssinn seine Hemden und T-Shirts zusammengelegt und im Schrank verstaut hat.

. . . 21 . . .

Schwierigkeit des Erzählers, über Trennung hinwegzukommen

Der Erzähler hat große Schwierigkeiten, über die Trennung hinwegzukommen. Er lässt nichts unversucht, erneut Kontakt mit Agnes aufzunehmen. So ruft er sie in der Universität und auch zu Hause an, schreibt ihr – alles ohne Erfolg. Er beobachtet sie sogar von einem Coffee Shop aus, kauft in den Läden in ihrem Viertel ein, wäscht seine Wäsche in demselben Waschsalon wie Agnes. Er belügt sich selbst, indem er behauptet, nicht zu hoffen, sie dort zu treffen. Nach eigenem Bekunden fühlt er sich ihr dadurch jedoch näher.

Alkohol Arbeitsunfähigkeit

Seine Einsamkeit ertränkt er im Alkohol. Zur konzentrierten Arbeit ist er unfähig. Im Lesesaal liest er stattdessen Agatha Christies Kriminalroman *Murder with Mirrors*. Dabei wird er von Louise ertappt, die ihn zum Kaffeetrinken überredet. Als sie ihn in den Coffee Shop führt, den er mit Agnes das erste Mal besucht hatte, ist ihm dies nicht recht. Der Ort scheint ihm heilig zu sein, der nicht verunreinigt werden darf, doch mangels Alternativen gehen sie dennoch dorthin. Die sentimentale Stimmung inspiriert den Erzähler der im Grunde fremden Frau zu beichten, dass Agnes ihn verlassen habe. Bemerkenswerterweise verschweigt er das Kind. Louise verspricht, ihn zu trösten und sich um ihn zu kümmern. Noch am selben Abend lädt sie ihn zur Thanksgiving-Party ihrer Eltern ein.

Erzähler verschweigt das Kind gegenüber Louise

Vorweggenommener Betrug an Agnes

Nach dem Gespräch plagt den Erzähler ein schlechtes Gewissen. Es kommt ihm vor, „als hätte [er] Agnes betrogen" (98) – ein kaum verhüllter Hinweis, auf das, was tatsächlich passieren wird. Aus diesem Gefühl heraus öffnet er die seit Wochen nicht mehr bearbeitete Datei über ihre Liebe. Die alptraumartige Vision im Treppenhaus (vgl. Kapitel 17) stört ihn nun, so dass er den Abschnitt aus der fiktiven Geschichte löscht. Er setzt neu in dem Moment an, in dem sie sich die Heirat versprachen. In einer an Sentimentalität nicht zu überbietenden, fast kitschig wirkenden Episode fährt er fort, dass sie ihm unmittelbar darauf beichtet, dass sie schwanger sei. Seine reale Ablehnung des Kindes wird ersetzt durch das Versprechen, es gemeinsam mit ihr durchzustehen.

In der fiktiven Geschichte stellt sich der Erzähler der Vaterschaft

... 22 ...

Auf der Thanksgiving-Party von Louises Eltern kreisen die Gespräche um die Bilder, die Europäer und Amerikaner von sich und dem jeweils anderen Kontinent haben. Mit Louises Mutter wird die Unkenntnis der Amerikaner über Europa konterkariert, was zu den gängigen Vorurteilen gehört. Sie ist offensichtlich unfähig, Österreich und die Schweiz zu unterscheiden. Darüber hinaus muss man über sie lachen, wenn ihr Mann erzählt, dass sie nach Europa gekommen sei, um einen Adligen zu heiraten. In dem für europäische Verhältnisse geschichtslosen Land brüsten sich Louises Eltern mit Künstlern der Moderne (dem Autor Ernest Hemingway (1899-1961) und dem Architekten Frank Lloyd Wright (1867-1959)).

Bilder von Europa und Amerika

Der Erzähler selbst findet die USA frischer, unverbrauchter als Europa und belegt dies an den Farben der Natur. Louise kontert, dass nach Paul Valéry der Mensch nur das sehe, was er denke (101). Nicht zuletzt befindet sie, dass das Bild, das sich die Europäer von Amerika machen, mehr mit ihnen selbst zu tun habe als mit Amerika. In Wirklichkeit sei beispielsweise die Familie ihrer Mutter viel geschichtsträchtiger als die ihres Vaters, da ihre Vorfahren sich bis zu einer alten englischen Familie aus dem 14. Jahrhundert zurückverfolgen lassen. Im Gegensatz dazu sei ihr französischer Vater ein selfmade man, der für die Europäer typisch amerikanisch sei.

Bilder sagen mehr über sie selbst aus

Den Erzähler befremdet es, dass Louises Eltern ihn wie einen zukünftigen Schwiegersohn behandeln. Dies liegt einerseits an der Beschreibung Louises, andererseits aber auch an dem Bild von deren Mutter, die amerikani-

Louises Eltern

sche Männer als unseriös empfindet. Sie hat immerhin selbst einen Europäer geheiratet.

Abschließend lädt Louise den Erzähler ein, sie in ihrem Büro aufzusuchen, damit sie ihm das Archiv der Pullman Leasing zeigen könne.

... 23 ...

Zu Beginn des Kapitels erläutert der Erzähler sein Interesse an George Mortimer Pullman, der nicht nur als Erfinder der Luxuseisenbahnwagen Geschichte geschrieben hatte. Der Industrielle Pullman verstand sich als Vater seiner Arbeiter, die er in seiner gleichnamigen Musterstadt wohnen ließ. In der Stadt gehörte ihm alles, von der Wasserversorgung bis zur Kirche. Er verstand das fürsorgliche Gemeinwesen für seine Arbeiter als „Paradies" (104), die Arbeiter fühlten sich aber „immer mehr wie Gefangene" (105). Pullman unterschätzte das Bedürfnis nach Freiheit, so dass es zu Unruhen kam und sein Traum zerbrach.

Funktionale Binnengeschichte: Paradies oder Gefängnis des Gemeinwesens Pullmans

Die Binnengeschichte hat vor allem funktionalen Charakter. Sie spielt mit dem Motiv des falschen Bildes von anderen, dem auch der Erzähler unterliegt.

Vordergründig schiebt der Erzähler die Geschichte Pullmans seinem Besuch des Archivs voraus. Er verspricht sich wenig von den dortigen Quellen. Ihn treibt vor allem der Wunsch, Louise wiederzusehen, an. So endet der beruflich erfolglose Besuch in einer intimen Kussszene. Beide sind sich darüber im Klaren, dass sie einander nicht lieben, doch Louise meint, es sei nichts dabei. Hauptsache, sie amüsierten sich (106).

Kuss ohne Liebe

... 24 ...

Wieder zu Hause, empfindet der Erzähler die Wohnung als „Gefängnis" (107). Analog zur Metaphorik des vorangegangenen Kapitels ist er gefangen in seinen eigenen Bildern und Vorstellungen. Er erträgt es nicht, dass er nicht weiß, wie sein eigenes Kind aussehen wird bzw. er ihm nie begegnen soll. Deshalb projiziert er seine Gedanken in die fiktive Geschichte und lässt das Kind Margaret in einer heilen Familienwelt auf die Welt kommen.

Erzähler ist gefangen

Fiktive Geburt der Tochter Margaret

Auf der Suche nach einem Namen für das Kind steht eine Kellnerin Pate, die ihn zufällig während seines Schreibprozesses im Café am Grant Park bedient.

Der Erzähler deutet in der Geschichte die Realität komplett um. Er schreibt nicht nur, wie er mit der Arbeit gut vorankommt, sondern auch, dass es *„der glücklichste Sommer"* (108) seines Lebens sei. Er ist sich auf einmal „sicher" (109), dass Agnes und er wieder zusammenkommen würden, obwohl dies zu diesem Zeitpunkt jeglicher realen Grundlage entbehrt. In der Euphorie des Moments schreibt er einen Brief an sie. So schnell er kann, geht er nach Hause, wohl in der Auffassung, sie eher wiedersehen zu können.

Vollkommene Umdeutung der Wirklichkeit

In einer geradezu schicksalhaften Fügung ruft eine Freundin von Agnes in dem Moment an, in dem er die Wohnung betritt. Sie berichtet davon, dass die Freundin krank sei und dringend seine Hilfe benötige. Merkwürdigerweise fördert diese Nachricht nicht seinen Elan, sondern lässt ihn erlöschen. Gedankenschwer lässt er sich auf einmal Zeit.

> Wenn ich jetzt zu Agnes gehe, dachte ich, dann ist es für immer. Es ist schwer zu erklären, obwohl ich sie liebte, mit ihr glücklich gewesen war, hatte ich nur ohne sie das Gefühl, frei zu sein. Und Freiheit war mir immer wichtiger gewesen als Glück. Vielleicht war es das, was meine Freundinnen Egoismus genannt hatten. (110)

Freiheit wichtiger als Glück

Er hat offenbar Angst, sich dauerhaft zu binden. Deshalb geht er erst am dritten Tag zu Agnes. Als er endlich den Entschluss gefasst hat, kann es ihm nicht schnell genug gehen, so dass er entgegen seiner Gewohnheit ein Taxi nimmt. In einem ironisch-grotesken Kontrast zum Folgenden kauft er noch rasch ein Buch über Babys mit dem Titel *How to Survive the First Two Years*, nicht wissend, dass Agnes eine Fehlgeburt gehabt hat.

Bindungsangst verhindert für Tage seinen Besuch

Ende der fiktiven Geschichte und Agnes' vermeintlicher Tod

Neuanfang ohne happy end (Kapitel 25–36)	
	➡ Im Gegensatz zur fiktiven Geschichte des Erzählers hat Agnes in der Realität eine Fehlgeburt, an deren Folgen sie seelisch zu zerbrechen droht.
	➡ Sie zieht wieder in die Wohnung des Erzählers. Eine Zeit lang verdrängt sie die Wirklichkeit und fordert den Erzähler auf, die glückliche Illusion mit dem Kind weiterzuschreiben.
	➡ Die Beziehung ist gestört. Beide haben unterschiedliche Wahrnehmungen von ihrer vorübergehenden Trennung. Louises Einladung zur Neujahrsparty überschattet die weihnachtliche Zweisamkeit.
	➡ Agnes erkältet sich und muss für mehrere Tage das Bett hüten.
	➡ Entgegen der Beteuerung, dass amerikanische Geschichten immer mit einem happy end aufhören, entwirft der Erzähler heimlich in der Fiktion Agnes' Selbstmord im Schnee. Alternativen verwirft er als unpassend.
	➡ In der Silvesternacht kommt es zu Intimitäten zwischen dem Erzähler und Louise. Als er nach Hause zurückkehrt, ist Agnes verschwunden. Auf dem Computerbildschirm ist der Schluss seiner Geschichte zu sehen.
	➡ Es bleibt offen, ob Agnes der fiktiven Vorlage folgt und sich umbringt oder aber sich lediglich endgültig von ihm trennt.

. . . 25 . . .

Fehlgeburt und Depressionen

Die an Depressionen leidende Agnes eröffnet dem Erzähler, dass sie das Kind verloren habe. Ihre gefühlskalte Beschreibung von der Ausschabung des „Kindsmaterial[s]" (111) steht im Gegensatz zu ihrer emotionalen Belastung durch die Fehlgeburt. Der Erzähler versucht sie zu trösten und bleibt über Nacht bei ihr.

Penibel geordnete Briefsammlung offenbart Distanz des Erzählers

Nach der wochenlangen Trennung fällt dem Erzähler erneut Agnes pedantische Ordnungsliebe auf, die freilich in letzter Konsequenz Leblosigkeit zeigt. Die Küche ist beispielsweise so sauber, als ob sie „nie benutzt worden" (112) sei. Alles ist penibel inventarisiert, selbst ihre

ENDE DER FIKTIVEN GESCHICHTE UND AGNES' VERMEINTLICHER TOD

Briefe sind nach Empfängern hinter beschrifteten Karteikarten geordnet. Während andere – wie zum Beispiel Herbert – voluminöse Schreiben hinterlassen haben, ist das Fach des Erzählers bezeichnenderweise leer.

... 26 ...

Agnes zieht wieder in die Wohnung des Erzählers. Die Beziehung ist jedoch belastet. Stärker als zuvor werden Töne der Eifersucht laut. Dabei ist nicht nur an Agnes' Freund Herbert zu denken. Schon die Wertschätzung, die die junge Physikerin durch ihren Professor erhält, ist für den Erzähler Grund zur Empfindlichkeit. Gleichsam als Rache erwähnt der Erzähler erstmalig Louise. Es bleibt unklar, ob Agnes' „Gleichgültigkeit" (114) gespielt oder echt ist. Sie kränkt in jedem Fall die verletzte Eitelkeit ihres Gegenübers.

Wiedereinzug von Agnes

Eifersucht und gekränkte Eitelkeit

Darüber hinaus droht die Fehlgeburt Agnes seelisch aus dem Gleichgewicht zu bringen. Der Verlust des Kindes ist noch lange nicht verarbeitet. Als der Erzähler zugibt, in der Fiktion das Kind auf die Welt gebracht zu haben, flüchtet sie aus der Realität. Wie an einem lebendigen Kind entdeckt sie an der fiktiven Margaret Charaktereigenschaften, die sich aus dem Geburtsdatum horoskopartig ergeben. In ihrer depressiven Verzweiflung mahnt sie den Erzähler:

Realitätsflucht: „Du mußt uns das Kind machen."

> „Du mußt es aufschreiben", […] „du mußt uns das Kind machen. Ich habe es nicht geschafft". (116)

Sie diktiert ihm, wie das Kind aufwächst. In ihrer Fantasie heiraten sie, bekommen ein zweites Kind und sind glücklich.

... 27 ...

Agnes' Verdrängung der Wirklichkeit geht so weit, dass sie während der Weihnachtseinkäufe Margaret einen Teddy und eine Puppe kauft. Unter Tränen geht sie sogar in die Kinderkleiderabteilung, um „wahllos" (117) einige Kleidungsstücke für die fiktive Tochter mitzunehmen. Sie lebt offenbar vorübergehend nur noch in der erfundenen Geschichte, die ihr als Lebenshilfe dient.

Einkäufe für die fiktive Margaret

Geschichte als Lebenshilfe

ENDE DER FIKTIVEN GESCHICHTE UND AGNES' VERMEINTLICHER TOD

Fensterputzer

Zu Hause erschrecken sie die beiden Fensterputzer, die außen in einer Gondel am Gebäude hängen und hineinschauen, zutiefst. In ihrem Realitätsverlust glaubt sie, dass alle sie anstarren und wissen, dass es eine „Lüge" (118) ist, wenn sie Kindersachen kaufen.

Experiment unerwartet wirklich

Sie beginnt sich gegen die geschriebene Geschichte zu stellen. Sie habe „nicht gewußt, wie wirklich" das Experiment werden würde. Vor allem aber stört sie an der Fiktion mit dem geborenen Kind, dass es nicht wahr ist.

> Es stimmt nicht. Du mußt schreiben, wie es wirklich war und wie es ist. Es muß stimmen. (119)

Kindheitserfahrungen: extreme Identifikation mit Literatur

Tod im Schnee

Wie aus einem Alptraum erwachend, wirft sie die neu gekauften Kindersachen in den Müllschlucker. Trotz beängstigenden Realitätsverlustes fordert sie den Erzähler zum Weiterschreiben auf. Dabei hätte sie gewarnt sein müssen, denn sie schildert, dass sie sich schon als Kind so mit literarischen Texten identifiziert hätte, als sei sie „zu einer Person des Buches" (120) geworden. Als sie Hesses ‚Siddharta' gelesen hatte, habe sie sich eine Stunde in den Garten gestellt, um ihre Gefühle „abzutöten" (119). Doch nur das Gefühl in ihren Füßen habe sie im Schnee abgetötet – ein erneuter Verweis auf den kommenden vermeintlichen Tod im Schnee. Aus Angst, sich zu verlieren, liest Agnes nicht mehr viel.

> Weil ich nicht mehr wollte, daß Bücher Gewalt über mich haben. Es ist wie ein Gift. Ich habe mir eingebildet, ich sei jetzt immun. Aber man wird nicht immun. Im Gegenteil. (120)

... 28 ...

Agnes mit zunehmender Distanz zum Erzähler

Der Neuanfang der Beziehung gestaltet sich schwierig, da das Geschehene zwischen den beiden Protagonisten steht. Dem Erzähler scheint es so, als habe sie sich von ihm „entfernt" bzw. als „suche oder finde sie die Nähe" (121) zu ihm nicht mehr. Die Kommunikation ist zutiefst gestört. Gedankenverloren gehen sie schweigend nebeneinander spazieren. Agnes spielt häufig Cello in dieser Phase, doch auf die Frage, ob sie ihm einmal etwas vorspiele, sagt sie nur kurz angebunden „Nein" (121). Auch ihre Körpersprache ist eindeutig. Im Bett wendet sie sich oft von ihm ab. Um zu duschen, schließt sie nun wieder die Tür ab und zieht sich erst im Badezimmer aus. Statt die intime Vertrautheit zu suchen, verfällt sie in einen aushäusigen Aktionismus (Sport, Musik).

Offenbar nur selten sprechen sie über ihre eigene Situation. Äußerst unverbindlich äußert sich Agnes in diesen Momenten, so zum Beispiel, dass sie „Vielleicht. Irgendwann" (123) einmal Kinder haben möchte. Der Erzähler signalisiert demgegenüber durchaus Bereitschaft, sich dauerhaft zu binden. Ihre Reaktion auf sein Sinnieren, in den USA zu bleiben oder sie mit in die Schweiz zu nehmen, ist jedoch bezeichnend. Sie lässt es offen, ob ein „*happy ending*" (124) für seine Geschichte oder ihre gemeinsame Zukunft in Frage kommt.

. . . 29 . . .

Unter diesen problematischen Bedingungen gerät der Heiligabend zur quälenden Pflichtübung. Louises Weihnachtsgeschenk – ein völlig unverfängliches Modell des Pullman Salonwagens – überschattet die Stimmung obendrein. Ihre Einladung zur Neujahrsfeier löst zudem eine wiederholt ausgetragene Kontroverse aus, die die unterschiedlichen Bilder von ihrer Trennung zeigen.

Weihnachten als unterkühlte Pflichtübung

> „Hast du ihr von mir erzählt?", fragte Agnes.
> „Nur daß du mich verlassen hast, und dann, daß du wieder zurückgekommen bist."
> „*Du* hast mich verlassen. Und *du* bist zurückgekommen." (126)

Unterschiedliche Wahrnehmung ihrer Trennung

Die zwischenmenschliche Kälte findet ihre Entsprechung in den Außentemperaturen, die die beiden oben auf dem Dach des Doral Plaza erleben. Durchgefroren nehmen beide ein warmes Bad. Danach gibt sich Agnes dem Erzähler – wie sie sagt – als „Geschenk" (128) hin. Ihre unbefriedigende Kommentierung des Liebesaktes führt zu einer Eifersuchtsszene. Dabei wirft sie ihm seinen Kontakt zu Louise vor, während er ihr ihre unklare Beziehung zu Herbert vor die Nase hält.

Kälte auf dem Dach entspricht zwischenmenschlicher Beziehung

. . . 30 . . .

Am Morgen danach ist Agnes so erkältet, dass sie die nächsten Tage im Bett verbringen muss. Ihr äußerer Zu-

Äußerliche Erkältung und innere Schuldgefühle

stand korrespondiert mit einer inneren Labilität und verdrängten Schuldgefühlen. Ein zufällig gelesenes Gedicht von Dylan Thomas mit dem Titel *A Refusal to Mourn the Death, by Fire, of a Child in London* (dt.: Eine Weigerung, über ein Kind zu trauern, dass in London verbrannt ist) erinnert sie an ihre eigene Fehlgeburt. Agnes macht sich selbst dafür verantwortlich, dass das ungeborene Kind in ihrem Leib gestorben ist. Der Erzähler ist überrascht, dass sie immer noch nicht darüber hinweggekommen ist, was wiederum die junge Frau nicht verstehen kann.

Kälte und Isolation des Erzählers

Während Agnes in einen heilsamen Schlaf verfällt, versucht der Erzähler seine Gedanken bei einem Spaziergang zu ordnen. In der Kälte aus Schnee und eisigem Wind friert er schnell, so dass er das Café am See aufsucht, in dem ihm der Name des Kindes eingefallen war. Nicht zuletzt durch den Ort hervorgerufen, denkt er über das ungewollte, namenlose Kind nach, das ihn bislang kaum interessiert hatte. Erst jetzt bemerkt er, dass er Agnes nie nach dem Geschlecht gefragt hatte. Die Kälte und die Anonymität des Ortes haben Symbolcharakter und verweisen auf seine innere Disposition, die durch Einsamkeit geprägt ist.

Fiktive Nähe; Schreiben in Trance

Auf dem Weg nach Hause wird ihm plötzlich klar, wie die Geschichte von Agnes „weitergehen mußte" (132). Wie in Trance schreibt er über die in der Realität glücklose Beziehung:

> Ich merkte gleich, daß Agnes mir näher war als sonst. Es war, als schreibe ich nicht selbst, als beschreibe ich nur, was in meinem Kopf wie ein Film ablief. (132)

Unerträgliches, unzumutbares Ende der Geschichte

In seiner Fantasie lässt er Agnes in einen menschenleeren Zug einsteigen, der sie in die nächtliche Kälte von Willow Springs bringt. Seine Gedanken gehen noch weiter. Obwohl er noch keine genauen Vorstellungen hat, erkennt er, dass es „unmöglich war, unzumutbar für Agnes, unerträglich für" (133) ihn. Da der Erzähler jedoch zu müde ist, kommt er nicht zu einem Ende. Eng umschlungen schläft er bei Agnes ein.

... 31 ...

Die vermeintliche Nähe entpuppt sich als trügerisches bzw. falsches Bild. In einem Telefonat mit ihren Eltern bezeichnet Agnes den Erzähler lediglich als einen „Freund, der zu Besuch ist" (134). Es wird deutlich, dass sie nichts von ihm wissen. Dies liegt freilich auch an dem gestörten Verhältnis der Physikerin zu ihren Eltern, insbesondere zu ihrem Vater. Mit dessen Umzug nach Florida hat Agnes einen Kältebruch vollzogen.

Erzähler nur ein Freund, der zu Besuch ist

Kältebruch nach Umzug von Agnes' Eltern

> „Ich habe ihnen gesagt, daß ich sie dort nicht besuchen werde. Und ich habe sie nicht besucht."
> „Du bist hart."
> „Es war auch hart für mich, daß sie gingen. Jetzt brauche ich sie nicht mehr, und sie brauchen mich noch nicht." (135)

Vom schlechten Gewissen geplagt, einen unmöglichen Schluss seiner Geschichte geschrieben zu haben, nimmt der Erzähler den Faden des vorangegangenen Tages wieder auf. Er löscht den verfassten Text jedoch nicht, sondern speichert ihn als „Schluß2" (135). In dem Bemühen, ein happy end zu erfinden, ist die neue Version der Wahrheit nicht mehr verpflichtet. Er beschreibt die Weihnachtstage „ohne das Gefühl der Fremdheit […], ohne ihr Weinen und ohne das Geschenk von Louise" (135). Alle Probleme werden verdrängt und ausgeblendet. Das Schreiben geht zügig voran, doch ohne das berauschende Gefühl des Vortages.
Als er fertig ist, bittet Agnes ihn, die Geschichte doch nicht zu vollenden. Sie bräuchten die Fiktion nicht. Der Erzähler versichert, dass die Geschichte gut ausgegangen sei, wie dies in Amerika immer der Fall sei.

„Schluß2"

Happy end blendet Probleme aus

Agnes will die Geschichte nicht vollenden

... 32 ...

Beim Vorlesen des happy ends ist der Erzähler nicht überzeugt, da der Schluss nicht „lebendig, nicht wahr" (138) ist. Der Erzähler ist mit dem Schluss nicht zufrieden und kann Agnes nicht in die Augen schauen.

Heimlich schreibt er in den nächsten Tagen weiter und ersetzt den glücklichen Ausgang mit dem „Schluß2" (139), der sich für ihn als „der einzig mögliche, der einzig wah-

Happy end wird durch „Schluß2" als einzig mögliche Variante ersetzt

re Schluß" (139) von Anfang an abgezeichnet hatte. Erneut arbeitet er sich in einen unkontrollierten Rausch, der die Realität vollkommen absorbiert.

Leben in der Geschichte

> Es war mir, als lebte ich nur noch in der Geschichte, als sei alles andere unwichtig, unwirklich, als es sei es Zeitverschwendung zu essen, zu schlafen. (139)

Lügen und Missverständnisse

In der Wirklichkeit ist die Kommunikation der beiden Protagonisten von Lügen und Missverständnissen geprägt. Auf die Frage, woran er arbeite, täuscht der Erzähler vor, an den Eisenbahnwagen zu schreiben. Agnes' Krankheit macht ihn zunehmend gereizt. Sie schlägt ihm vor, in die Bibliothek zu gehen. Als er tatsächlich geht, wirft sie ihm implizit vor, lange fort gewesen zu sein. Er verteidigt sich mit der ungerechtfertigten Begründung, sie habe gesagt, sie wolle allein sein. Louise steht zwischen ihnen. Dennoch rät Agnes dem Erzähler, zu deren Neujahrsparty zu gehen, da es wichtig für sein Buch sei. Sie seien schließlich „nicht verheiratet" (141).

... 33 ...

Abschied vor Neujahrsparty

Der Abschied am Silvesterabend hat etwas Endgültiges. Gegen elf Uhr ruft der Erzähler Agnes noch einmal von Louises Party an. Dieses Gespräch bietet aber vor allem einen Anlass, zu zeigen, dass der Erzähler es auch mit Louise nicht ehrlich meint. Als diese nämlich erfährt, dass Agnes erkältet sei, behauptet sie, dass amerikanische Frauen immer krank seien. Sie sorgten dafür, dass man immer ein schlechtes Gewissen habe. Wenn sie mit einem Mann schliefen, dann stellten sie es danach immer als eine Pflichtübung dar. Obwohl Agnes genau dies am Heiligabend so getan hat (vgl. Kap. 29), lügt der Erzähler Louise an und behauptet, „Agnes ist anders" (143). Dies ist ein Vorzeichen für den weiteren Verlauf ihrer Beziehung zu verstehen.

Erzähler auch Louise gegenüber nicht aufrichtig

Louises Absichten

Louise hat nur den Erzähler eingeladen. Die anderen Gäste sind die ihrer Eltern. Möglicherweise hat sie bereits vorher weitergehende Absichten für den Partyabend gehabt. Gegen Ende folgt der Erzähler ihr in ihre Wohnung. Der vieldeutige Hinweis, dass sie die Tür hinter sich zuschließt, verweist darauf, dass sie in der folgenden intimen Zweisamkeit nicht gestört werden will.

ENDE DER FIKTIVEN GESCHICHTE UND AGNES' VERMEINTLICHER TOD

... 34 ...

Erst als sie ihn am frühen Morgen nach Hause bringt, eröffnet ihr der Erzähler, dass Agnes wieder da sei. Die Beziehung zu der jungen Physikerin sei noch nicht „verloren" (146). Louise ist sichtlich verärgert. Der Erzähler kontert, dass sie ihn nicht liebe. Dies habe sie selbst im Archiv gesagt.

Erst nach Intimitäten eröffnet Erzähler Wahrheit über Agnes

Im Doral Plaza kann er zunächst seine Wohnung nicht finden, da er einen Stock zu tief landet. Dies mag einerseits auf seinen Alkoholkonsum zurückzuführen sein, andererseits deutet es aber vor allem auf seine emotionale Verunsicherung hin. Angesichts seiner Stellung zwischen den beiden Frauen ist er durcheinander. Während er die Stufen hinaufläuft, fährt jemand – vielleicht Agnes? – im Fahrstuhl hinunter. Er muss daran denken, dass er „niemanden" (148) in dem Jahr, seit er in dem Haus wohnt, kennen gelernt hat. Auch der Verkäufer unten im Laden, der stets so tut, als ob er vertraut mit ihm sei, ist ihm „fremd" (149).

Erzähler ist durcheinander – er findet seine Wohnung nicht

... 35 ...

Als der Erzähler die Wohnung betritt, wird seine Aufmerksamkeit sofort durch den eingeschalteten Computer geweckt. Bemerkenswerterweise ist der Bildschirmschoner *Starfield Simulation* zu sehen, bei dem Sternenpunkte aus der Mitte des Raumes scheinbar nach außen wandern. In Wirklichkeit sind die Punkte außen lediglich größer und weiter auseinander. Die dadurch entstehende Illusion steht symbolisch für die Liebesbeziehung der beiden Protagonisten.

Illusion des Bildschirmschoners Starfield Simulation

In dem Moment, in dem er eine Taste drückt, erkennt der Erzähler den heimlich zu Ende geschriebenen Schluss seiner Geschichte. Der Leser erfährt hier zum ersten Mal, was mit Agnes passiert. Trotz ihres Wintermantels friert die fiktive Figur, bis sie zu der Stelle kommt, an der sie sich ganz im Einklang mit der Natur fühlte (Kap. 16). Dort legt sie sich auf den Boden, um zu erfrieren. Der beschriebene Effekt ist jedoch überraschend.

Rückkehr zur Natur und zu sich selbst

ENDE DER FIKTIVEN GESCHICHTE UND AGNES' VERMEINTLICHER TOD

Langsam gewann sie das Gefühl zurück, erst in den Füßen, in den Händen, dann in den Beinen und Armen, es breitete sich aus, wanderte durch ihre Schultern und ihren Unterleib zu ihrem Herzen, bis es ihren ganzen Körper durchdrang und es ihr schien, als liege sie glühend im Schnee, als müsse der Schnee unter ihr schmelzen. (152)

Innere Wärme

Während die äußere Kälte Besitz von ihr ergreift, wird ihr innerlich ganz warm. Das Frieren, dass durch die Geschichte ausgelöst worden ist, hat ein Ende. Agnes findet offensichtlich zu sich selbst zurück.

In der Erzählwirklichkeit ist Agnes verschwunden. Lediglich ihren Wintermantel hat sie mitgenommen. Dieses Signal suggeriert ihren Selbstmord im Schnee, den sie der literarischen Vorlage nachempfindet.

Offener Schluss: Selbstmord oder endgültige Trennung

Der Schluss bleibt jedoch letztlich offen. Es ist ebenso möglich, dass Agnes sich nun einfach endgültig vom Erzähler getrennt hat und aus diesem Grund nicht wiederkommt. Dafür spricht, dass sie unmöglich in der Neujahrsnacht mit öffentlichen Verkehrsmitteln nach Willow Springs kommen und im Dunkeln die besagte Stelle finden könnte. Zudem wird Willow Springs an Wochenenden und in der Silvesternacht nicht angefahren.

... 36 ...

Erzählgegenwart: Rahmen mit Kapitel 1

Das letzte Kapitel greift den Rahmen der einleitenden Passage wieder auf und kehrt in die Gegenwart zurück. Lakonisch kommentiert der Erzähler, „Agnes ist nicht zurückgekommen" (153). Von Reue oder Schuldeingeständnis, was aus dem ersten Kapitel ansatzweise herauszulesen ist, kann man hier nichts mehr finden. In-

Erzähler hat mit realer Agnes abgeschlossen

nerlich kalt hat der Erzähler mit Agnes abgeschlossen. Als das Telefon klingelt, nimmt er nicht ab. Das medial vermittelte Bild ersetzt die reale Figur. Immer und immer wieder schaut er sich das Video von ihrem gemeinsamen Ausflug in den Nationalpark an.

Struktur des Romans

Strenge Form: Erzählrahmen mit chronologisch geordneter Rückblende

→ Die Rahmenkonstruktion der Kapitel 1 und 36 umfasst den chronologisch geordneten Rückblick der Liebesbeziehung. → Die 36 knappen Kapitel korrespondieren mit der symbolhaften Dauer der Beziehung von neun Monaten. → Der Erzähler wird zum Schöpfer seines eigenen Kindes, eines literarischen Kunstproduktes.	Handlung und äußerer Aufbau verweisen aufeinander

Der Roman zeichnet sich durch eine „strenge Architektur des inneren und äußeren Aufbaus" (Jambor, 2008, S. 31) aus. Peter Stamm selbst hat die Handlung seines Erstlingswerks sogar als „fast geometrisch" (zit. nach Kasaty, 2007, S. 408) bezeichnet. Dies liegt unter anderem an der durchkomponierten Rahmenkonstruktion, die durch die Kapitel 1 und 36 erzeugt wird. Diese bilden die Erzählgegenwart, von wo auf die Beziehung zu Agnes zurückgeblendet wird. In den dazwischen liegenden Kapiteln wird die Liebesgeschichte konsequent chronologisch rekapituliert.

Strenge, geometrische Form

Die insgesamt 36 Kapitel sind teilweise recht knapp und ohne Überschrift versehen. Sie erinnern an pointillistische Momentaufnahmen, die sich erst durch ihre Verkettung im Gedächtnis des Lesers zu einem Gesamtbild zusammenfügen. Somit wird das Bild von Seurat (vgl. Kap. 14) kompositorisch wieder aufgegriffen. Wie ein Videoclip sind die Kapitel mit der Technik „des Schnitts bzw. des Kameraein- und -ausschaltens voneinander abgesondert" (Jambor, 2008, S. 33). Die Aneinanderreihung spiegelt inhaltlich die hervorgehobene Präsenz des Films wider.

Kapitel als pointillistische Momentaufnahmen

Schnitte wie bei Videoclips

STRENGE FORM: ERZÄHLRAHMEN MIT CHRONOLOGISCH GEORDNETER RÜCKBLENDE

Chronologie der Ereignisse im Überblick

Datum	Kapitel	Inhalt
„April"	2 & 3	Erzähler und Agnes lernen sich in der Chicago Public Library kennen.
„nach ein paar Wochen"	4	Erzähler lädt Agnes erstmalig zum Abendessen in ein Restaurant ein.
(Mai)	5 & 6	Im Anschluss an ihr Rendezvous schlafen sie miteinander.
Juni	7 & 8	Nach seiner New Yorker Reise lädt Agnes den Erzähler erstmalig zu sich nach Hause ein.
„Abend des dritten Juli"	9 & 10	Der Erzähler beginnt auf Agnes' Bitte mit der Niederschrift ihrer Liebesgeschichte.
„spät im **August**" „Anfang **September**"	11	Der Text des Erzählers erreicht die Gegenwart. Im September unternehmen die beiden einen Ausflug in einen Park. Agnes ist ihm fremd.
„wenige Tage nach unserem Ausflug"	12	Die Geschichte des Erzählers überholt die Gegenwart und stößt in die Zukunft vor.
„am nächsten Tag" „Ende September"	13	Agnes richtet sich nach der literarischen Vorlage. Sie trägt – wie vorgegeben – ein blaues kurzes Kleid. Wie in der Geschichte festgelegt, zieht Agnes in die Wohnung des Erzählers.
	14	Der Alltag eignet sich nicht für die fiktionale Liebesgeschichte. „Es muß etwas passieren, damit die Geschichte interessanter wird."
Columbus Day („zweiter Montag im **Oktober**")	15 & 16	Im Hoosier Nationalpark findet Agnes zu sich selbst. Der Ausflug wird in dem Video festgehalten, das der Erzähler in Kapitel 1 und 36 betrachtet.
	17	In der fiktiven Geschichte fragt der Erzähler Agnes, ob sie ihn heiraten wolle. In der Realität – so behauptet er – habe er nie daran gedacht, sie zu fragen.
31. Oktober	18	Auf der Halloween-Party der Eisenbahngesellschaft lernt der Erzähler Louise kennen.
1. **November**	19 & 20	Der Erzähler kommt nicht mit Agnes' Schwangerschaft zurecht. Da er das Kind nicht will, trennt sie sich von ihm.

STRENGE FORM: ERZÄHLRAHMEN MIT CHRONOLOGISCH GEORDNETER RÜCKBLENDE

„eine Woche nach Agnes' Auszug"	21	Der Erzähler hat große Schwierigkeiten, mit der Trennung fertig zu werden. In der Fiktion hält er die Beziehung zu Agnes aufrecht.
„Thanksgiving" (= 4. Do. im Nov.)	22 & 23	Auf der Thanksgiving-Party und beim anschließenden Besuch des Erzählers in Louises Büro kommen sich die beiden näher.
	24	Der Erzähler lässt das Kind in seiner Geschichte auf die Welt kommen. Sein Freiheitsdrang verhindert in der Realität jedoch, dass er Agnes besucht, obwohl sie schwer erkrankt ist.
drei Tage später	25	Erst am dritten Tag geht er zu ihr. Nach einer Fehlgeburt leidet sie an Depressionen.
	26	Agnes zieht wieder in die Wohnung des Erzählers. Sie fordert ihn auf, die Geschichte mit dem geborenen Kind weiterzuschreiben.
„Samstag" im **Dezember**	27	Agnes lebt vorübergehend so stark in der Fiktion, dass sie während der Weihnachtseinkäufe Teddy, Puppe und Kleider für ihr Kind kauft.
(3. oder 4.?) „Advent"	28	Agnes erholt sich, doch die Beziehung zwischen den beiden Protagonisten ist gestört.
„Heiligabend"	29	Die weihnachtliche Stimmung ist überschattet von Eifersucht. Agnes gibt sich als „Geschenk" dem Erzähler hin.
25. Dezember	30	Agnes hat sich am Vorabend erkältet. Wie in einem Trancezustand schreibt der Erzähler den Schluss, der auf ihren Selbstmord hinausläuft.
26. Dezember	31	Der Erzähler verfasst einen alternativen Schluss, da ihm der erste unerträglich scheint. Die neue Fassung ist ein happy end.
„in den nächsten Tagen"	32	Er ersetzt das Ende durch den gespeicherten „Schluß2", den er als einzig möglichen Schluss empfindet.
31. Dezember	33	Auf der Neujahrsparty kommt es zu Intimitäten zwischen dem Erzähler und Louise.
1. **Januar**	34	Louise ist verärgert, als sie von Agnes' Rückkehr erfährt. Der Erzähler ist verunsichert
	35	Agnes ist verschwunden. Der Text suggeriert, dass sie sich – der fiktionalen Vorlage folgend – im Schnee umbringt.
(Erzählgegenwart – Rahmen mit Kapitel 1)	36	Agnes kommt nicht zurück. Der Erzähler sucht nicht nach ihr. Er schaut das Video von ihrem Ausflug am Columbus Day an.

LIEBESGESCHICHTE UND FIKTION

Kapitelzahl und erzählte Zeit verweisen auf neun Monate einer Schwangerschaft

Die Zahl der Kapitel verweist inhaltlich auf die erzählte Zeit von neun Monaten, die wiederum mit der Dauer einer Schwangerschaft korrespondiert. Stamm spielt mit diesen Zusammenhängen auf mehreren Ebenen. Neun Monate dauert die Beziehung zwischen dem Erzähler und Agnes, neun Monate umfasst die aufgeschriebene Geschichte. In einem übertragenen Sinne stößt der Erzähler „das Lebendige, die Frau aus Fleisch und Blut, ab" (Schmid, S. 94). Er hat sich ein eigenes Kind geschaffen, ein künstliches. Im literarischen Kunstprodukt überwindet er die reale Frau und behält sie nach seinem Bild geformt für sich.

Geschichte als künstliches Ersatz-Kind des Erzählers

Schon früh weckt Peter Stamm entsprechende Assoziationen. Doch erst nach der Lektüre des gesamten Romans erkennt man, wie zutreffend Agnes' Frage ist, ob der Erzähler deshalb Bücher schreibe, weil er „keine Kinder" (28) habe. Deutlicher wird die Schöpfungsmetaphorik, wenn der Erzähler davon spricht, dass Agnes aus seinem „Kopf neu geboren" (55) werde. Von hier aus ist es nicht weit bis zu seiner Vorstellung von Agnes als seinem „Geschöpf" (62), für das er „wie ein Vater" (62) die Zukunft plant.

Liebesgeschichte und Fiktion

Seine besondere Tektonik erfährt der Roman durch die Verwobenheit der realen Liebesgeschichte mit der fiktiven Agnes-Erzählung. Dadurch kommt es zu einem raffinierten Spiel zwischen Fiktion und Wirklichkeit. Die fiktiven Einsprengsel sind bis auf wenige Ausnahmen durch Kursivdruck gekennzeichnet.

LIEBESGESCHICHTE UND FIKTION

Liebesgeschichte

→ Die reale Beziehung wird schnell zur Routine, die den
   Erzähler nicht zufriedenstellt.
→ Er drängt Agnes durch seine Geschichte in eine Rolle, die
   sie nicht ausfüllen kann und will. Daher kommt es zum
   Bruch, als die Lebenswirklichkeit nicht an seine Vorstellungen angepasst werden kann.
→ Ichbezogenheit und Freiheitsdrang des Erzählers lassen
   nicht nur seine Beziehung zu Agnes scheitern, sondern
   machen auch eine Bindung an Louise unmöglich.

Privates Glück gibt es nur in der Fiktion

Die Liebesbeziehung entwickelt sich in den ersten acht
Kapiteln ziemlich schnell. Aus den ersten unverbindli-
chen Arbeitsunterbrechungen in der Chicago Public Library entsteht schon nach einigen Wochen ein erstes
Date, das in einer Liebesnacht endet. Das hohe Entwick-
lungstempo dürfte auch darauf zurückzuführen sein,
dass der Erzähler systematisch die Beziehung weiter-
denkt. Leidenschaftliche Verliebtheit ist hingegen seinen Ausführungen nicht zu entnehmen, wenn er das
erste Mal, als sie miteinander schlafen, mit den Worten
„alles ging sehr schnell" (26) zusammenfasst.

Liebesbeziehung entwickelt sich schnell

Dennoch entwickelt er eine „fast körperliche Abhängigkeit" (61) gegenüber Agnes, die er als demütigend empfindet. Von dem Moment, in dem der Erzähler mit seiner Geschichte in die Zukunft vorstößt, gewinnt er ein
Stück seiner Freiheit wieder zurück. Er macht Agnes zu
seinem „Geschöpf" (62) und plant ihre gemeinsame Zukunft. Realität und Fiktion vermischen sich in seiner
Vorstellung. Wenn er an Agnes denkt, bleibt offen, ob er
die reale Person oder die fiktive Figur seiner Geschichte
im Blick hat (61). Ihm geht es jedoch mehr um eine gute
Geschichte als um die Beziehung. Die Fiktion dient deshalb als Drehbuchvorlage für das reale Leben. Agnes bekommt eine Rolle zugewiesen, die sie zu erfüllen hat. So
zieht sie der fiktiven Vorlage entsprechend in die Wohnung des Erzählers.

Agnes bekommt eine Rolle zugewiesen

Gedankliche Anregungen für seine Geschichte kommen
wiederum aus dem Leben der beiden Protagonisten. Aus

Unzufriedenheit des Erzählers vs. Agnes' Glück

diesem Grund kann den Erzähler der Beziehungsalltag aus Universität, Hausarbeit und Bibliotheksbesuchen nicht zufriedenstellen (68). Er macht seine Frustration jedoch nicht zum Thema zwischen ihnen, zumal Agnes „nichts zu vermissen" (Möckel, S. 80) scheint.

Bruch wegen fehlender Deckungsgleichheit von Realität und Fiktion

Engere Beziehungsvarianten wie zum Beispiel eine Heirat spielt der Erzähler nur in der Fiktion durch. In der Realität fragt er Agnes nicht, ob sie ihn heiraten wolle. Die unvorhergesehene Lebenswirklichkeit, in der Agnes schwanger wird, muss zum Bruch zwischen den beiden führen, da sich die lebendige Agnes mit der fiktiven Figur nicht mehr in Einklang bringen lässt. Die junge Frau erkennt als Grund für die Weigerung des Erzählers, sich auf die Vaterrolle einzulassen, dessen Fixierung auf seine Geschichte.

> Geh, geh weg. Laß mich. Du widerst mich an mit deiner Geschichte. (91)

‚Betrug' an Agnes Annäherung an Louise

Sie kann sein durch Egoismus geprägtes Verhalten nicht ertragen und zieht aus. Die Trennung kann der Erzähler nur dadurch verarbeiten, dass er aus der Realität flüchtet und in der Fiktion das private Glück entwirft. Im wirklichen Leben nähert er sich stark Louise, der Gegenfigur zu Agnes, an. Obwohl Agnes und er zu diesem Zeitpunkt nicht mehr zusammen sind, hat er ein schlechtes Gewissen, als hätte er sie „betrogen" (98). In der Tat gibt sein Verhalten Anlass zu dieser Deutung. Louises Eltern empfinden ihn bereits als potentiellen Schwiegersohn. Darüber hinaus küsst er die Halbamerikanerin im Archiv (106) aus einer Laune heraus, ohne verliebt zu sein.

Schwer belasteter Neuanfang

Agnes' Rückkehr (Kap. 26) und ihr gemeinsamer Neuanfang stehen unter einem schlechten Stern. Ihre Depressionen und Schuldgefühle wegen der Fehlgeburt belasten die Beziehung ebenso wie die Angst des Erzählers, sich fest zu binden. Meinungsverschiedenheiten, wer wen verlassen hat, prägen den Alltag. Die unklaren Beziehungen zwischen dem Erzähler und Louise bzw. Agnes und Herbert führen zu Eifersuchtsszenen, die die Krisenanfälligkeit der Liebe andeuten. Hinzu kommen die grundsätzlichen Schwierigkeiten der beiden Protagonisten, übereinander zu sprechen und Privates preiszugeben.

LIEBESGESCHICHTE UND FIKTION

Die Entfremdung der Liebenden im letzten Teil des Romans machen ein happy end sowohl im Leben als auch in der Fiktion unmöglich. Der Erzähler mag und kann nicht glauben, dass Agnes ihn wirklich liebt (129). Als die Spannungen während der Weihnachtsfeiertage unerträglich werden, entwirft er ihren fiktiven Tod im Schnee. Für das richtige Leben bedeutet dies, dass die lebendige Agnes verschwinden muss. Es bleibt dabei offen, ob sie der literarischen Vorlage folgend den Erfrierungstod sucht, oder ob sie einfach einen definitiven Schlussstrich zieht und den Erzähler endgültig verlässt.

Entfremdung macht happy end unmöglich

Deutungen von Agnes' Verschwinden

Er selbst sucht nicht nach ihr. Als das Telefon klingelt, nimmt er nicht ab. Dies sind deutliche Anzeichen dafür, dass er mit der realen Agnes abgeschlossen hat. Stattdessen beschäftigt er sich mit seinem Bild von ihr, sei es im Video, in seiner Geschichte bzw. in seinen Erinnerungen. Die lebendige Agnes hat ausgedient und ist durch eine Traumfigur ersetzt worden.

Erzähler hat mit realer Agnes abgeschlossen

Für den Erzähler bleibt das Glück der Liebe auf die Fiktion beschränkt. Seine Ichbezogenheit und seine Beziehungsangst lassen ihn auch Louise zurückweisen. Er schläft mit ihr auf der Neujahrsparty, doch als er merkt, dass sie eine feste Bindung eingehen möchte, macht sich sein Freiheitsdrang bemerkbar.

Erzähler weist auch Louise zurück

Fiktive Geschichte

➡ Die fiktive Geschichte entsteht auf Agnes' Wunsch nach einem literarischen Portrait. Mit dem Schreiben sind unterschiedliche Erwartungen der beiden Protagonisten verbunden. Sie möchte wissen, was er von ihr hält, während er testen will, ob er überhaupt noch schreiben kann. Nach Agnes muss die Geschichte mit der Wirklichkeit übereinstimmen. Der Erzähler will aber frei sein.

➡ Während Agnes nur kurzfristig in der Geschichte lebt, berauscht sich der Erzähler an ihr und verliert die Kontrolle über die Fiktion.

➡ Die junge Frau möchte das Experiment abbrechen und die Geschichte nicht zu einem Ende bringen. Im Gegensatz dazu inszeniert der Erzähler in seiner Fantasie heimlich ihren Selbstmord.

➡ Die Geschichte verändert die Beziehung.

Literarisches Experiment mit Folgen

LIEBESGESCHICHTE UND FIKTION

Lange vor dem Beginn der fiktiven Geschichte platziert Peter Stamm einen ersten Hinweis auf das Verhältnis von Fantasie und Wirklichkeit. Schon am Tag nach ihrem ersten Kennenlernen lässt er den Erzähler gestehen:

> In meinem Kopf war unsere Beziehung viel weiter gediehen als in Wirklichkeit. Ich begann schon, mir über sie Gedanken zu machen, hatte schon Zweifel, dabei hatten wir uns noch nicht einmal verabredet. (17)

Strukturprinzip: Fantasie/ Fiktion geht der Wirklichkeit voraus

In seiner Fantasie ist der Erzähler also bereits der Wirklichkeit voraus – ein Strukturprinzip, das er auch beim Verfassen der fiktiven Geschichte anwenden wird.

Da es den beiden Liebenden im weiteren Verlauf offenbar schwerfällt, sich zu öffnen, nutzt Agnes die Autorentätigkeit des Erzählers aus, um über Privates zu kommunizieren.

> „Schreib eine Geschichte über mich", sagte sie dann, „damit ich weiß, was du von mir hältst." (50)

Unterschiedliche Motive für Geschichte

Der Erzähler beginnt das gewünschte literarische Portrait jedoch aus ganz anderen Beweggründen. Nach verschiedenen Fehlversuchen treibt ihn die Neugier, ob er überhaupt noch Geschichten schreiben kann.

Auch hinsichtlich des Charakters der fiktiven Geschichte haben sie unterschiedliche Vorstellungen. Während Agnes mehrfach die Auffassung vertritt, dass die Geschichte „stimmen" (53, 119), d.h. mit der Wirklichkeit konform gehen muss, ist der Ich-Erzähler der Meinung, dass man in der Fiktion „frei" (49) sein müsse. Wie in seinen bisherigen Texten geht er zwar von dem „Bild" (50) aus, was er sich von seinen realen Vorbildern gemacht hat, löst sich aber unwillkürlich davon ab. Er hat keine Kontrolle darüber, was dabei herauskommt.

„Es muß stimmen" vs. dichterische Freiheit

Erster Satz der Geschichte zeigt Willen zur Manipulation der Wirklichkeit

Schon der erste Satz, den er zu Papier bringt, zeigt jedoch, dass er durchaus zielstrebig die fiktive Geschichte einsetzt, um die Realität zu manipulieren. Agnes will nicht das Feuerwerk zum amerikanischen Unabhängigkeitstag ansehen, doch er legt fest, dass sie gemeinsam auf die Dachterrasse gehen, um dem Spektakel beizuwohnen (51). Mit ihrer Fremdbestimmung, ihrer Rollenzuweisung durch die Fiktion beginnt Agnes' Frieren.

Beginn von Agnes' Frieren

Erst am Ende des Romans kann sie die innere Kälte überwinden und wieder zu sich selbst finden.

Anfänglich begreifen beide die Fiktion als Spiel, als ein Spaß machendes Drehbuch für das Leben. Die geschriebene Anordnung „Du kommst im dunkelblauen Kleid" (63) erfüllt Agnes gern, was man an ihrem seltenen Lachen (64) erkennen kann. Auch in der Folgezeit lässt beide Protagonisten der Reiz des Rollenspiels nicht los.

> Manchmal spielten wir noch das Spiel jenes Abends. Dann schrieb ich am Computer ein paar Szenen und sagte Agnes, was sie zu tun habe, und spielte selbst meine Rolle. Wir trugen dieselben Kleider wie in der Geschichte, machten wie meine Figuren einen Ausflug in den Zoo oder gingen ins Museum. (68)

Psychologisch gedeutet geht es dabei auch um Kontrolle und männliche Dominanz. Solange es um die Beschreibung der Vergangenheit geht, sind sich der Erzähler und Agnes häufig uneinig in ihrer Erinnerung. Nach eigenem Bekunden setzt er sich mit seiner Version „meistens" (56) durch. Als die Fiktion dann die Gegenwart überholt und in die Zukunft vorstößt, wird Agnes das „Geschöpf" (62), das er zu lenken versucht. Ihm ist klar, dass die Agnes in seiner Geschichte „irgendwann zum Leben erwachen" (63) und ihren eigenen Weg gehen wird. Auf diesen Moment freut sich der Erzähler und fürchtet sich zugleich davor.

Wie begrenzt die Realität in der Fiktion planbar ist, zeigt sich bereits am nächsten Tag (Kap. 13). Die Umsetzung der romantischen Idealvorstellung scheitert an der Wirklichkeit.

> „Wir tranken Champagner. Dann liebten wir uns, und um Mitternacht gingen wir hinauf aufs Dach und schauten uns die Sterne an."
> Es regnete in jener Nacht, und wir sahen die Sterne nicht. In ihrem kurzen Kleid holte sich Agnes auf dem Dach eine Erkältung. (66)

Die Geschichte wird im Folgenden für den Erzähler immer wirkungsmächtiger, die Traumfiguren „werden

---

Seitliche Randnotizen:

Anfängliche Faszination des Rollenspiels

Kontrolle und männliche Dominanz

Erster Hinweis, dass Wirklichkeit und Fiktion auseinanderklaffen können

LIEBESGESCHICHTE UND FIKTION

,wirklicher' als das gelebte Leben" (Möckel, S. 94). Realität und Fiktion drohen ineinander zu verschmelzen. Mit den Worten, „Alles, was ich mir vorstellte, wurde sogleich lebendig" (80), leitet er eine beklemmende Vision ihrer gemeinsamen Zukunft ein, die mit dem Tod endet. Die Realitätsnähe der Fiktion drückt Stamm auch dadurch aus, dass er sie an dieser Stelle nicht kursiv setzt, so dass sie vom normalen Text nicht zu unterscheiden ist.

Realitätsnahe Vision nicht kursiv gesetzt

Der Erzähler lebt immer mehr in der Geschichte, so dass er mit der realen Vaterrolle nicht klar kommt. In seiner Vorstellung ist festgelegt: „Agnes wird nicht schwanger" (89). Da die lebendige Frau und die fiktive Figur nicht in Einklang zu bringen sind, kommt es zum Bruch. Agnes zieht aus.

Fiktion: Agnes wird nicht schwanger

Realität und Fiktion klaffen immer stärker auseinander. Im Leben leidet der Erzähler stärker unter der Trennung, als er wahrhaben möchte. Gleichzeitig flieht er in seiner Einsamkeit in die Arme von Louise. In der Fiktion hingegen setzt er vor dem Zerwürfnis neu an und malt eine glückliche Beziehung zu Agnes aus. In seiner Fantasie geben sie sich ein Heiratsversprechen. Er gesteht seine Angst, Vater zu werden (99), was er gegenüber der lebendigen Agnes nicht getan hatte. Nur in der Fiktion kann er sich der Vaterrolle stellen. Während die reale Agnes eine Fehlgeburt hat, lässt er das Kind Margaret auf die Welt kommen. Konsequent werden alle Probleme verdrängt und die Beziehung als Idylle beschrieben.

Diametraler Gegensatz von Fiktion und Realität

> Mit meinem Buch kam ich gut voran, trotz der Arbeit, die das Kind uns machte. Es war der glücklichste Sommer meines Lebens, und auch Agnes war so zufrieden wie selten zuvor. (108)

Kurzfristig findet auch die lebendige Agnes eine Stütze im fiktionalen Glück (Kap. 26/7), nachdem sie zum Erzähler zurückgekehrt ist. Ihre Realitätsflucht ist ihre Art der Verarbeitung der Fehlgeburt, für die sie sich schuldig fühlt. Sie diktiert dem Erzähler, dass das Kind glücklich aufwächst, fantasiert über Besuche bei den Großeltern, Weihnachtsgeschenke und ihre Heirat. In der gemeinsam geschriebenen Fortsetzung der Geschichte bekommen sie ein zweites Kind, einen Jungen.

Fiktionales Glück als vorübergehende Lebenshilfe für Agnes

LIEBESGESCHICHTE UND FIKTION

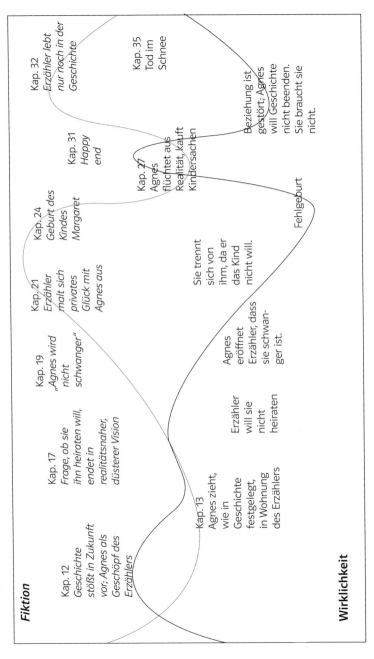

LIEBESGESCHICHTE UND FIKTION

Doch schon bald merkt sie, dass sie in dieser Fiktion nicht leben kann. Sie wendet sich davon ab, denn sie empfindet sie als „Lüge" und „krank" (119). Die Geschichte müsse stimmen.

Agnes will Experiment vor Ende abbrechen

Sie möchte das literarische Experiment vor dem Ende abbrechen. Dies liegt auch an Kindheitserfahrungen mit Literatur, denn „mit der Geschichte endet auch das Leben" (120) der Person, mit der sie sich identifizierte. Dies ist ohne Zweifel ein deutlicher Hinweis auf den Tod im Schnee. Darüber hinaus befürchtet sie, dass mit dem Ende der fiktiven Geschichte auch ihre Beziehung endet (vgl. 88).

Schluß2

Der Erzähler hingegen will die Geschichte unbedingt vollenden. Er schreibt wie in Trance, die Geschichte verselbständigt sich in seinem „Kopf wie ein Film" (132). Es gibt für ihn nur einen einzig möglichen, einzig wahren Schluss, auch wenn dieser „unzumutbar für Agnes" (133) ist. Das happy end verwirft er als leblos bzw. unpassend und ersetzt es heimlich durch den „Schluß2", der

Lebendige Agnes wird durch Geschichte ersetzt

Agnes im Schnee erfrieren lässt. Dem fiktiven Beziehungsende muss in der Logik des Romans das reale Ende der Liebesbeziehung folgen. So verschwindet die lebendige Agnes spurlos. Sie wird durch die Agnes-Geschichte ersetzt.

Raffinierte Wechselwirkung von Realität und Fiktion

Das Wechselspiel von Realität und Fiktion ist demnach äußerst komplex konstruiert. In einem raffinierten Abgleich sind sie stets aufeinander bezogen und beeinflussen sich gegenseitig. Die Lebenswirklichkeit bietet Stoff für die fiktive Geschichte, die als Drehbuch Pate für das Leben steht. An dem unauflösbaren Widerspruch von Realität und Fiktion zerbricht die Beziehung. Die fiktionale Ebene wird für den Erzähler zunehmend wichtiger, bis er ganz darin aufgeht. Am Ende ist die Realität in der Fiktion aufgegangen.

Personen

Agnes

→ Was der Leser über Agnes erfährt, ist durch die Perspektive des Erzählers gefärbt. → Als Figur ist sie ein unvollständiges Bündel von Andeutungen und Auslassungen. Ihre Identität bleibt für den Erzähler und den Leser geheimnisvoll. → Agnes ist als ambivalente Figur angelegt. Der selbstsicheren, pedantisch ordnungsliebenden Physikerin steht das unsichere Mädchen in ihr gegenüber. → Sie hat kaum Freunde. Sie charakterisiert sich selbst mit den Worten, sie sei kein sozialer Mensch. → In der Liebe zu dem wesentlich älteren Erzähler sucht die 25-jährige Frau die Anerkennung, die ihr der Vater immer verweigert hat. → Sie hat stets Angst, sich selbst zu verlieren, so dass sie geradezu besessen davon ist, Spuren zu hinterlassen. In diesem Zusammenhang entsteht ihr Wunsch nach einem literarischen Portrait. Im Widerspruch dazu hinterlässt sie im wahren Leben kaum Zeichen ihrer Existenz. Am Ende verschwindet sie spurlos.	**Eine rätselhafte Figur**

Es ist wichtig, festzuhalten, dass sich Agnes nur in den Darstellungen des Erzählers konstituiert. Der Roman beginnt mit der Aussage, dass sie tot sei. In der erzählten Wirklichkeit gibt es sie also nicht mehr. Nur in der Rückblende des Ich-Erzählers „entsteht und aufersteht" (Schmid, S. 95) sie als eine Figur aus zweiter Hand. Sie ist sein subjektives Bild, das er sich von ihr macht.

Erzähler schildert sein subjektives Bild von Agnes

Von Beginn an ist die Identität bruchstückhaft. Die Angaben zu ihrem Äußeren sperren sich gegen ein vollständiges Bild bzw. eine eindeutige Identifizierung. Im Video ist Agnes „kaum zu sehen" (10), lediglich als Momentaufnahme im Rückspiegel hinter der sie verdeckenden Kamera. In einer anderen ganz kurzen Einstellung hält sie abwehrend eine Hand in die Videokamera. Die wenig später erfolgende Beschreibung des Erzählers ist ebenfalls wenig erhellend. Ihr äußeres Erscheinungs-

Bruchstückhafte Identität

Äußeres für den Leser kaum zu erkennen

55

bild ist „nicht auffallend" (14), sie ist schlank und nicht sehr groß. Braunes, schulterlanges Haar umrahmt ihr bleiches und ungeschminktes Gesicht. Lediglich ihren Blick findet der Erzähler außergewöhnlich.

Der Erzähler verstreut Informationen, die sie charakterisieren, über den ganzen Text. Erst nach der Lektüre des ganzen Romans kann die Figur wenigstens teilweise erschlossen werden. Sie bleibt jedoch insgesamt rätselhaft und geheimnisvoll, was auch auf das Unverständnis des Erzählers zurückzuführen ist. Die irritierende Figur ist ein

Agnes sperrt sich gegen Vervollständigung

Rätselhaftigkeit prädestiniert sie dafür, Bild zu werden

> Bündel aus Andeutungen und Auslassungen, die die Vorstellungskraft des individuellen Lesers provozieren und ihm verschiedene Deutungsmöglichkeiten offerieren. Agnes ist eine besonders widerspenstige literarische Figur, weil sie sich einer schlüssigen Vervollständigung verweigert. Und sie ist in zweierlei Hinsicht eine Projektionsfigur: nicht nur als fiktive Figur in der realen Rezeptionssituation, sondern auch innerhalb der Romanhandlung als nicht leicht zu entschlüsselndes Wesen für den Ich-Erzähler. Sie ist prädestiniert dafür, Bild zu werden. (Schmid, S. 96)

Einer der ersten Hinweise auf ihren rätselhaften Charakter ergibt sich durch ihren Namen. Nicht nur für den Erzähler ist Agnes „ein seltsamer Name" (16). In der etymologischen Grundbedeutung kommt Agnes aus dem Griechischen (hagnos) und steht für ‚keusch, rein, geheiligt'. In der christlichen Tradition bedeutet es das Lamm Gottes, die Keusche, die Unschuldige und Reine. Wie der Ausschnitt aus John Keats' Gedicht *The Eves of St. Agnes*, der dem Roman vorangestellt ist, belegt, hat sich Peter Stamm in der Namensgebung inspirieren lassen. In dem romantischen Gedicht geht es um eine Vision einer Jungfrau von ihrem Geliebten, der sie wiederum idealisiert. Wie Stamm thematisiert Keats die Überwindung der Realität durch die Fantasie. Auch durch die Tatsache, dass seine Agnes immer noch Jungfrau ist, als sie den Erzähler kennen lernt, übernimmt der schweizerische Autor den skizzierten Bedeutungszusammenhang.

Grundbedeutung des Namens

Keats als literarisches Vorbild

Merkwürdige Rituale und Verhaltensweisen

Es sind kleine ritualisierte Gesten und Verhaltensweisen, die ungewöhnlich bzw. unverständlich sind und zu ihrer „Geheimnisaura" (Schmid, S. 97) beitragen. In der Bibliothek breitet sie täglich ihre Sachen nach demselben Muster aus (13, 17) und bringt sich einen Schaumstoffkeil als Sitzkissen mit. Als sie bemerkt, dass der Erzähler die Titel ihrer Bücher zu entziffern versucht, zieht sie den Stapel mit einer leichten Drehung gegen sich. Entgegen den Gepflogenheiten in der Millionenstadt Chicago besteht sie darauf, den Fußgängerüberweg zu benutzen und an der Ampel zu warten, bis „diese auf *Walk* wechselte" (19). Im Restaurant rückt sie jedes Mal das Besteck zurecht. Wenn das Essen serviert wird, hebt sie den Teller mit beiden Zeigefingern kurz in die Höhe und balanciert ihn, bevor sie ihn wieder hinstellt (61 f.). Zu Hause schließt sie sich im Bad ein, auch wenn niemand sonst in der Wohnung ist (29).

Geradezu pedantisch, wenn nicht sogar zwanghaft, ist ihre Ordnungsliebe. So beschriftet sie zum Beispiel die Videokassette von ihrem Ausflug am Columbus Day zweifach auf der Schachtel und der Kassette. Darüber hinaus unterstreicht sie beides „mit dem Lineal doppelt" (10). In ihrer Wohnung sind die Briefe mit Karteikarten nach Absendern geordnet. In ihrem Putzwahn besitzt sie zwei Paar Gummihandschuhe, die sauber mit „Bad" und Küche" beschriftet sind (112).

Zwanghafte
Ordnungsliebe

Unverständnis fordert aber auch ihre Widersprüchlichkeit heraus, die durch ihre ambivalente Anlage bedingt ist. Auf der einen Seite ist sie die selbstbewusste, wertgeschätzte Physikstudentin, die eine Assistentenstelle am Mathematischen Institut der Universität innehat. Sie geht in der Wissenschaft und im Leben den Dingen gedanklich auf den Grund. Ihre Dissertation über die Symmetrien von Kristallgittern zeugt von intellektueller Reife. Trotz ihres jungen Alters hat sie sich intensiv mit der Frage des Todes beschäftigt. Der Erzähler bezeichnet ihre Ansichten als „streng" (21), was eine eigenwillige Konsequenz impliziert.

Widersprüchlichkeit:
Selbstsichere Wissenschaftlerin und unsichere Frau

Auf der anderen Seite wirkt sie in der alltäglichen Lebenspraxis wie ein unsicheres, unbeholfenes Mädchen. Irritierend häufig verschüttet sie Kaffee (15, 17). Ihre eigenartigen Ängste (12) lassen sie kindlich naiv erschei-

AGNES

nen. Ihr ganzes Leben lang hat sie sich leicht lenken lassen. Sogar Bücher haben „Gewalt" (120) über sie, da sie sich außergewöhnlich stark mit einzelnen Figuren identifiziert. Nun fügt sie sich bereitwillig in das Rollenspiel des Erzählers. Ihre grundlegende Bereitschaft, ihre Selbstbestimmtheit aufzugeben und sich manipulieren zu lassen, manifestiert sich auch in ihrer eigenen fiktionalen Geschichte. In ihrer sexualisierten Fantasie geht dies bis zur völligen Selbstentfremdung.

Konstante:
Agnes lässt sich bis zur Selbstaufgabe lenken

> *Er ist in mir, er füllt mich aus. Wenn ich in den Spiegel schaue, sehe ich nur ihn. Ich erkenne meine Hände nicht mehr, meine Füße nicht. Meine Kleider sind zu klein, meine Schuhe drücken, mein Haar ist heller geworden, meine Stimme dunkler. (42)*

Mit dem Verlust der Autonomie nehmen Widersprüche ab

Im Verlauf des Romans verliert Agnes an klaren Konturen. Mit der zunehmenden Abhängigkeit vom Erzähler gibt sie ihre Autonomie auf. Damit werden den Widersprüchen weniger Platz eingeräumt – zumindest in den Protokollen des Erzählers. Mit der fiktiven Agnes schwinden die Vitalität, ihre eigenwillige Meinung und ihr Widerstand.

Unzeitgemäße Lebensführung

Eine weitere Facette ihrer verstörenden Andersartigkeit ist die Tatsache, dass sie so gar nicht dem klischeehaften Bild einer jungen amerikanischen Studentin entspricht. Sie ist mit 25 Jahren noch Jungfrau und wirkt auch in anderen Dingen anachronistisch. „Ihre Lebenshaltung ignoriert den Zeitgeist, das hippe Dasein der Großstadt" (Schmid, S. 98). Sie geht nicht ins Kino oder auf Partys, weder tanzen noch abends mit Freunden aus. Im Gegensatz zu der ausgelebten Vergnügungssucht ihrer Generation bleibt sie zu Hause. Sie lacht selten. Stattdessen liegt ein „seltsamer Ernst" (21) über allem, was sie sagt und tut.

Seltenes Lachen

Kein sozialer Mensch

Ihre sozialen Kontakte beschränken sich auf ein wöchentliches Musizieren mit drei Streicherinnen. Sie sagt von sich selbst: „Ich bin kein sehr sozialer Mensch" (20). Schon als Kind waren die Figuren aus Büchern, die sie las, ihre „besten Freunde" (119). Im Grunde lebt sie vollkommen isoliert und vereinsamt. Dies belegen auch die fehlenden Anrufe in der Wohnung des Erzählers, obwohl alle Anrufe dorthin umgeleitet werden (135).

Im Umgang mit Menschen wirkt sie unbeholfen. Wenn sie aufgeregt ist, wird sie rot, wofür sie in der Schule gehänselt und ausgelacht wurde (54). Möglicherweise hat diese Erfahrung dazu beigetragen, dass sie sich weitgehend in sich selbst zurückgezogen hat und Kontakte scheut. In diesem Sinn ist auch die abwehrende Geste in der Bibliothek zu verstehen, als sie ihren Bücherstapel vom Erzähler wegdreht. Zu Recht beschreibt der Erzähler sie als „unnahbar" (55). Sie berührt andere Menschen nie und vermeidet es, von ihnen berührt zu werden (62). Sie beherrscht die Regeln der sozialen Kommunikation nicht. So gibt sie beim ersten Kennenlernen beispielsweise bereitwillig Auskunft über ihre Arbeit, fragt den Erzähler jedoch nicht nach seinem Tun. Privates gibt sie weder am Anfang der Beziehung noch im späteren Verlauf kaum preis.

Unbeholfener Umgang mit Menschen

Auch die Beziehung zu ihren Eltern ist distanziert und von emotionaler Kälte geprägt. Ihre Kontakte beschränken sich auf seltene Telefonate.

Emotionale Kälte und Distanz zu Eltern

> „Ich erzähle ihnen nicht viel von mir. Ich glaube nicht, daß es sie interessiert. Sie würden sich nur Sorgen machen."
> „Wegen mir?"
> „Wegen allem. Sie wissen kaum etwas von mir."
> „Ist es, weil sie in Florida wohnen?"
> „Meine Mutter wollte bei mir bleiben, aber mein Vater … Ich habe ihnen gesagt, daß ich sie dort nicht besuchen werde. Und ich habe sie nicht besucht."
> „Du bist hart."
> „Es war auch hart für mich, daß sie gingen. Jetzt brauche ich sie nicht mehr, und sie brauchen mich noch nicht." (134 f.)

Lediglich schlaglichtartig hebt Agnes bzw. der Erzähler ihre Kindheit aus dem Dunkeln. Die Andeutungen lassen jedoch den Schluss zu, dass viele Verhaltensweisen der erwachsenen Agnes auf ihre Kindheit zurückzuführen sind. Ihre Marotte, das Bad beim Duschen abzuschließen, deutet beispielsweise an, dass das Verhältnis zu ihren Eltern schon immer anfällig war. Offenbar fühlte sie sich unwohl als Kind bzw. pubertäres Mädchen, wenn sie duschte und ihre Eltern einfach ins Bad kamen und auf die Toilette gingen (29).

AGNES

Vergiftete Vater-Tochter-Beziehung

Insbesondere die Vater-Tochter-Beziehung ist vergiftet. Ihr Vater hat ihr stets die Anerkennung verweigert. Offensichtlich zog er die Nachbarstochter vor, behandelte sie wie seine eigene und „sagte immer, so ein Mädchen hätte er gerne gehabt" (33). Bei der Examensfeier an der Universität macht er ihr eine Szene, weil sie mit Herbert flirtet. Er spricht ihr damit ihr Erwachsenwerden ab, ihre freie Entscheidung zu lieben.

Interesse an älterem Erzähler als Kompensation für fehlende Anerkennung

Ihr Interesse an dem Erzähler, der „fast" ihr „Vater" (26) sein könnte, dürfte eine Kompensation ihres Jugendtraumas sein.

> „Ödipusgetrieben, erwartet sie von der Liebesbeziehung die nie erhaltene Selbstbestätigung des Vaters, hofft, durch den *Anderen*, das Gegenteil von ihr, zu einem Gefühl für sich zu kommen". (Schmid, S. 102)

Bedürfnis, Spuren zu hinterlassen

Der Sucht nach Anerkennung entspricht ihr gesteigertes Bedürfnis Spuren zu hinterlassen. In ihrer Angst, sich selbst zu verlieren, muss sie sich ihre eigene Existenz immer wieder bestätigen. Ihr Drängen auf ein literarisches Portrait durch den Erzähler steht ebenso in diesem Zusammenhang wie ihre Genugtuung, dass andere ihre Doktorarbeit lesen werden (31). Beides sind Zeichen für die Ewigkeit, die sie selbst überdauern werden.

Es passt zu ihrer Widersprüchlichkeit, dass Agnes es paradoxerweise an anderer Stelle vermeidet, dass es Spuren gibt. Ihr Zimmer ist so „unbelebt, als sei es seit Jahren von keinem Menschen betreten worden" (39). Ihre Küche ist so sauber, „als sei sie nie benutzt worden"(112).

Leblosigkeit und spurloses Verschwinden

Wie in ihrer Wohnung herrscht auch in ihrem Körper Leblosigkeit. Hier ist einerseits an die Gefühle abtötende Kälte zu denken, andererseits aber auch an das nicht lebensfähige Kind. Es liegt in der Konsequenz dieser Anlage, dass sie am Ende spurlos verschwindet.

Die fiktive Agnes empfindet den Tod im Schnee als Erlösung. Sie spürt sich selbst, ihre innere Wärme kehrt zurück. Dies ist ein Sinnbild dafür, dass sie zu ihrer eigenen Autonomie und Identität zurückfindet. Ob die reale Agnes darin folgt, bleibt offen.

Ich-Erzähler

→ Der sachlich und lakonisch schreibende Ich-Erzähler gibt nur wenig von sich preis. → Der etwa 40-jährige Sachbuchautor lebt seit einem Jahr in Chicago, hat aber bislang niemanden dort kennen gelernt. Er ist isoliert und einsam. → Wie seine Stoffe, die er bearbeitet, versucht er auch seine Partnerinnen zu kontrollieren, sie nach seinem Bild zu formen. Beides gelingt ihm jedoch nicht. → Er hat Angst, sich dauerhaft zu binden. Seine Freiheit ist ihm wichtiger als die Liebe. → Seine schonungslose Selbstdarstellung entwirft ein eher negatives Bild seines Charakters. Eitelkeit, Eifersucht und mangelnde Offenheit gegenüber seiner Umwelt prägen sein Denken und Handeln.	Kontrollsüchtiger Beziehungsneurotiker

Trotz aller Möglichkeiten, die die Perspektive des Ich-Erzählers bietet, lässt der Erzähler den Leser nur wenig an sich heran. Nicht einmal seinen Namen gibt er preis. Seine Identität bleibt unscharf. Wie bei Agnes ist auch beim Erzähler das Video von ihrem gemeinsamen Ausflug symptomatisch für die Schwierigkeit, sich ein Bild von ihm zu machen. Als die Kamera das erste Mal auf ihn schwenkt, macht er eine „Grimasse" (10), verstellt sich also. In einer späteren Einstellung nähert sich die Kamera so stark an, dass das Bild „unscharf" (11) wird. Am Ende des Romans, als der Erzähler in der Gegenwart erneut das Video anschaut, verhindert das Ende des Videobandes die Auflösung seiner geheimnisvollen Identität.

Ich-Erzähler bleibt namenlos

Unscharfe Identität wird nicht aufgelöst

> Ich, während der Heimfahrt am Lenkrad des Autos von der Rückbank aus gefilmt. […] Mein Hinterkopf, meine Hände am Steuer. Zum Schluß scheine ich bemerkt zu haben, daß Agnes filmte. Ich drehe meinen Kopf, lächelnd, aber bevor ich ganz nach hinten schaue, hört der Film auf. (153)

Lediglich in wenigen, verstreuten Andeutungen gibt er Einblicke in sein Gefühlsleben. Der sachliche, lakonische Ton der Ausführungen, der im Kapitel „Sprache und Stil" näher untersucht werden wird, kennzeichnet ihn darüber hinaus als nüchternen, desillusionierten Menschen.

Kaum Einblicke ins Gefühlsleben

ICH-ERZÄHLER

Nüchterner Sachbuchautor

Zu seiner trockenen, protokollartigen Schreibweise passt der Beruf des Sachbuchautors, der den etwa 40-jährigen Schweizer nach Chicago geführt hat. Seine Themenpalette reicht von Zigarren, der Geschichte des Fahrrades bis hin zu den Luxuseisenbahnwagen der amerikanischen Firma Pullman. Wirkliche Begeisterung oder Interesse an den Themen zeigt er nicht.

Erzähler ohne soziale Kontakte

Obwohl er schon ein Jahr in der Stadt lebt, hat er niemanden kennen gelernt (14, 148). Lediglich der schmierige Verkäufer, der unten im Doral Plaza einen Laden betreibt, gibt sich unerklärlich vertraut mit ihm, obwohl er dem Erzähler im Grunde fremd ist. Nach dem mehr oder weniger erfüllten Arbeitstag in der Bibliothek liegt stets die „Leere des Abends" (14) vor ihm.

> Ein paarmal hatte ich mich verliebt in ein Gesicht, aber ich hatte gelernt, solchen Gefühlen auszuweichen, bevor sie zu einer Bedrohung wurden. Ich hatte einige gescheiterte Beziehungen hinter mir und hatte mich, ohne wirklich einen Entschluß zu fassen, für den Moment mit meinem Alleinsein abgefunden. (14 f.)

Alleinsein akzeptiert

Bewusst geht er an Orte, in deren Anonymität er isoliert bleibt und an denen er in seiner lieb gewonnenen Einsamkeit geschützt ist. So gefällt ihm der kleine schäbige Coffee Shop gegenüber der Bibliothek, weil er dort nicht von den Kellnerinnen angesprochen wird, obwohl er Stammgast ist.

Der Erzähler weiß um seine Stärken und Schwächen, die er gewohnt ist zu reflektieren. In seiner Kontrollsucht hat er es aufgegeben, fiktive Geschichten zu schreiben, da er es nie geschafft hat, seine „Stoffe zu beherrschen" (30). Diese Schwäche zieht sich durch den ganzen Roman. Schon im zweiten Kapitel findet man den ersten Hinweis darauf. Der Sachbuchautor hat sich „verrannt" (13) in den Pullman-Streik, obwohl dieser für sein Buch irrelevant ist. Als er von Agnes gebeten wird, eine Geschichte über sie und ihn zu schreiben, warnt er sie davor, dass er nie wisse, „was dabei herauskommt". Er habe „keine Kontrolle darüber" (50). Seine Neugier, die ihn auch bei dem Streik leitet, lässt ihn jedoch auf das Experiment eingehen. Für ihn geht es um eine Art

Permanenter Kontrollverlust beim Schreiben

Selbstbestätigung, ob er überhaupt noch Geschichten schreiben kann. Die Befürchtungen des Erzählers bestätigen sich in vollem Umfang. Wie in einem tranceartigen Rausch beschreibt er die Bilder, die „wie ein Film" (132) in seinem Kopf ablaufen.

> „Es war, als ginge ich durch einen Hohlweg, den ich nicht verlassen konnte. Versuchte ich es dennoch, so spürte ich Widerstand, als sei ein fremder Wille da, eine Art elastischer Fessel, die mich hinderte, wenn ich in die falsche Richtung ging. (80)

Ähnlich ergeht es ihm in seinen Beziehungen mit Frauen. Es gehört zu seinen gängigen Strategien, sich von seinen Freundinnen ein Bild zu machen und auf dieser Grundlage die gemeinsame Zukunft zu antizipieren. In seinem Versuch, die Entwicklung zu kontrollieren und seinen Machtanspruch durchzusetzen, hat sich das Leben seiner Vorstellung anzupassen. Es ist klar, dass dies nicht dauerhaft gelingen kann. Wenn Bild und Wirklichkeit auseinanderfallen, trennt sich der Erzähler von seinen Partnerinnen. Die erste Episode, die dies belegt, steht in unmittelbaren Zusammenhang mit dem Beginn der fiktiven Geschichte. Der Erzähler gibt zu, dass seine früheren Geschichten von dem „Bild" (50) handelten, was er sich von realen Personen gemacht hatte. Eine Freundin habe ihn verlassen – so zumindest in ihrer ausgehandelten Version –, weil sie sich in einer seiner Geschichten wiedererkannte.

Ende der Beziehungen, wenn Bild nicht mit Realität übereinstimmt

Noch deutlicher wird der skizzierte Zusammenhang, als sich der Erzähler an eine andere Beziehung erinnert. Wegen eines geplatzten Kondoms ist er sich sicher, Vater zu werden.

> Als sich schließlich herausstellte, daß meine Freundin nicht schwanger war, war ich enttäuscht und nahm es ihr übel, als sei sie schuld daran. Kurz darauf trennten wir uns. Ich machte ihr häßliche Vorwürfe, die sie nicht verstand, die sie nicht verstehen konnte, weil sie einer anderen Frau galten, einer Frau, die nur in meinen Gedanken existierte. (92 f.)

Genau dieses Muster ist auch in der Beziehung zu Agnes festzustellen. Schon am zweiten Tag macht er sich Gedanken über die Zukunft, hat „schon Zweifel" (17), ob-

Parallelität der Beziehungsverläufe

ICH-ERZÄHLER

wohl sie sich noch nicht einmal verabredet haben. Als Agnes sein „Geschöpf" (62) wird, kann er die Zukunft vorherbestimmen. Er lässt sie im blauen Kleid erscheinen und gibt ihr vor, zu ihm zu ziehen. Er neigt dazu, Realität und Wirklichkeit zu vertauschen und fast nur noch in seiner Geschichte zu leben. Die Schwangerschaft ist jedoch in seiner fiktionalen Zukunftsplanung nicht vorgesehen, so dass es zum Bruch kommen muss. In der Fiktion lässt er sich auf die Vaterschaft ein, malt sich schon eine glückliche Familienidylle aus. Doch abermals wird er durch die Wirklichkeit vor den Kopf gestoßen. Agnes' Fehlgeburt bzw. die Tatsache, dass sie nicht Mutter wird, korrespondiert mit der Geschichte über die frühere Freundin. Die ohnehin zerrüttete Beziehung muss ein Ende nehmen. Der Erzähler greift zum Mittel des literarischen Todes. Die reale Agnes verschwindet.

Abhängigkeit als Demütigung empfunden

Der Ich-Erzähler leidet an einer tief greifenden Beziehungsneurose. In seiner Angst, die Kontrolle zu verlieren, wehrt er sich gegen eine feste Bindung. Gegenüber Agnes empfindet er bereits früh eine „fast körperliche Abhängigkeit". Für ihn entsteht das „demütigende Gefühl" (61), nur ein halber Mensch zu sein, wenn sie nicht da ist. Mit dem Vorstoß der Geschichte in die Zukunft gewinnt er Stück für Stück seine Freiheit wieder zurück.

Erzähler kommt nicht von Agnes los

Die Phase des Zerwürfnisses, nachdem sie von ihrer Schwangerschaft berichtet hat, belegt jedoch, dass der Erzähler nicht von ihr loskommt. Als eine Freundin von Agnes ihn auffordert, die körperlich und psychisch angeschlagene Physikerin zu besuchen, weiß er, dass der Wendepunkt da ist.

> Wenn ich jetzt zu Agnes gehe, dachte ich, dann ist es für immer. Es ist schwer zu erklären, obwohl ich sie liebte, mit ihr glücklich gewesen war, hatte ich nur ohne sie das Gefühl, frei zu sein. Und Freiheit war mir immer wichtiger gewesen als Glück. Vielleicht war es das, was meine Freundinnen Egoismus genannt hatten. (110)

Freiheitsdrang und Egoismus

Nur so ist sein tagelanges Zögern zu erklären, bevor er Agnes endlich aufsucht. Sein Freiheitsdrang kann aber nur kurzfristig unterdrückt werden. Das Gefühl, durch die kranke Agnes zu Hause gebunden zu sein, ist für ihn unerträglich (Kap. 32). Die Einladung zu Louises Neujahrsparty wirkt wie eine Erlösung aus dem Gefängnis der Beziehung.

Das Verhältnis zu Louise zeigt die Eigenschaften des Erzählers noch einmal in verdichteter Form. Ihr unverbindliches Liebescredo kommt dem Erzähler entgegen. Ohne ineinander verliebt zu sein, küssen sie sich im Archiv ihrer Firma. „Hauptsache, wir amüsieren uns" (106), ist ihre Auffassung. Am Ende der Neujahrsparty schlafen sie sogar miteinander. Als der Erzähler merkt, dass für Louise aus dem reinen sinnlichen Vergnügen mehr zu werden droht, scheut er vor der festeren Bindung zurück. Die bodenständige Public-Relations-Frau ist verbittert und sagt ihm auf den Kopf zu, was sein Problem ist.

Louises unverbindliches Liebescredo kommt Erzähler entgegen

Ablehnung der festen Bindung

> Und vielleicht würde mehr daraus, wenn du offen wärst. Aber du warst von vornherein nicht bereit dazu. Du hast mich von Anfang an in die eine Schublade geworfen. (146 f.)

Die Festlegung seiner Partnerinnen auf ein Bild holt den Erzähler immer wieder ein. Die Freundinnen sind austauschbar. Darauf deutet auch Louises letzter Satz, er solle ihr einmal Agnes' Schuhe mitbringen, vielleicht hätten sie dieselbe Größe.

Freundinnen sind austauschbar

Es zeugt von einer selbstkritischen Offenheit gegenüber dem Leser, dass der Ich-Erzähler diese Schwierigkeiten nicht verschweigt. Gegenüber Louise äußert er sogar: „Ich bin kein guter Mann" (147). In seiner schonungslosen Selbstdarstellung zeichnet er ein überwiegend negatives Bild von sich. Dies ist nicht selbstverständlich. Man muss immer daran denken, dass er als Ich-Erzähler, der selbstherrlich andeutet und auslässt, auch ein ganz anderes Bild hätte entwerfen können, dem man vertrauen müsste.

Kritisches Selbstbild

Seinem professionellen Schreiben steht der Erzähler distanziert gegenüber. Er schämt sich für die „magere Ausbeute" (30) seines bisherigen Lebens. Neben den Sachtexten hat er einen Kurzgeschichtenband veröffentlicht, der lediglich „hundertsiebenundachtzigmal verkauft" (48) wurde. Ein Roman blieb Fragment.

Magere Ausbeute seines bisherigen Lebens

ICH-ERZÄHLER

Eifersucht und gekränkte Eitelkeit

Er verheimlicht auch nicht seine Eifersucht gegenüber Herbert und Agnes' Professor, was sich aus seinen aufgezeichneten Dialogen mit Agnes ergibt (114, 129). Er entlarvt sogar selbst seine Eitelkeit.

> Ihr Professor hatte gemeint, sie könne bis nach Weihnachten zu Hause bleiben. Er schien sie sehr zu schätzen, und wenn sie von ihm sprach, wurde ich fast eifersüchtig.
> „Er ist ein alter Mann", sagte sie.
> „Ich auch. Ich bin auch ein alter Mann."
> „Er ist doppelt so alt wie du."
> Ich erzählte Agnes von Louise. Sie sagte nichts, sie wurde nicht einmal wütend. Ihre Gleichgültigkeit kränkte mich. (114)

Erzähler fürchtet den Vergleich mit Agnes' Geschichte

Obwohl er sich seiner beruflichen Resultate angeblich schämt, hat er alle seine selbst geschriebenen Bücher mit in die USA genommen. Gerade im Hinblick auf sein Schreiben ist seine Eitelkeit anfällig und duldet keine kritische Bloßstellung. So täuscht er vor, „keine Lust" (42) zu haben, Agnes' fiktive Geschichte zu beurteilen. In Wirklichkeit, so schiebt er nach, geht es bei seiner vernichtenden Kritik aber um einen Qualitätsvergleich mit seinem eigenen Schaffen.

> Ich redete noch eine Weile so dahin und glaubte wohl selbst an das, was ich sagte. Es ging schon lange nicht mehr um die Geschichte. Vielleicht war sie wirklich nicht gut, sicher aber war sie besser als alles, was ich in den letzten zehn Jahren geschrieben hatte. (43)

Mangelnde Offenheit gegenüber Freundinnen

Seine scheinbare Offenheit gegenüber dem Leser steht im Gegensatz zu seiner Geheimniskrämerei und den Lügen gegenüber seinen Partnerinnen. Weder sagt er seiner Ex-Freundin etwas über das geplatzte Kondom noch informiert er Agnes über das gestrichene happy end. Heimlich schreibt er am „Schluß2" (135), der den Tod der fiktiven Agnes vorsieht. Auch gegenüber Louise verschweigt er die Wahrheit. So erzählt er nichts über Agnes' Schwangerschaft (97), als sie sich näher kennen lernen. Offenbar unterschlägt er auch, dass Agnes und er wieder zusammen sind, als sie miteinander schlafen.

Themen

Vereinzelung und Gefühlskälte der Single-Generation

> → Peter Stamms gesellschaftsbezogenes, seismographisches Schreiben porträtiert die Gesellschaft der Jahrtausendwende.
> → Die Anonymität der Orte (Bibliothek, Großstadt, Wolkenkratzer) korrespondiert mit der Vereinzelung der Menschen.
> → Die Single-Generation leidet an emotionaler Kälte. Die Suche nach Glück erweist sich als permanentes Scheitern.
> → Auch die Familienverhältnisse sind gestört. Eltern-Kind-Beziehungen werden als konfliktträchtig erlebt.

Die sozialen Beziehungen an der Jahrtausendwende sind brüchig

Peter Stamms gesellschaftsbezogenes Schreiben

Nicht nur der Roman *Agnes*, sondern Stamms gesamte Erzählprosa weist einen deutlichen Gegenwartsbezug auf. Den Schweizer Autor interessieren keine historischen Stoffe. Für ihn ist es viel spannender und wichtiger, die Zeit, in der er lebt, darzustellen. Dabei hat er nicht den Anspruch, Sprachrohr speziell für seine Generationslage zu sein.

Gegenwartsbezug

> Wenn man seine Zeit so ehrlich wie möglich beschreibt, wird man automatisch zur Stimme, vielleicht nicht der Generation, aber der Zeit. (Stamm, zit. nach Kasaty, S. 401)

Sein Schreiben ist nicht „gesellschaftskritisch, sondern gesellschaftsbezogen" (Jambor, 2010, S. 274). Das bedeutet, dass er nicht unbedingt die großen gesellschaftspolitischen Themen und Kontroversen aufgreift, sondern Alltagserfahrungen beschreibt, die er literarisch verdichtet. Dabei interessieren ihn besonders moderne Liebesbeziehungen. Auf jegliche Romantisierung verzichtend, zeichnet er ein realistisches Bild unterschiedlichster Paarbeziehungen, das auf eigenen Beobachtungen beruht.

Nicht gesellschaftskritisch, aber gesellschaftsbezogen

„Das Bild von der romantischen Liebe war vermutlich schon immer eine Lüge"

In fast allen Paarbeziehungen, die ich kenne und beobachte, geht es nicht richtig ohne – und auch nicht richtig miteinander, es ist ein dauerndes sich annähern und entfernen. Ich glaube, dass man das mit zunehmendem Alter eher akzeptiert. Man hat diese Vorstellung von der ewigen, glücklichen Liebe nicht mehr. Man schlägt sich irgendwie durch, manchmal geht es besser, manchmal schlechter. […] Das Bild von der romantischen Liebe war vermutlich immer schon eine Lüge. Es ist bei den Menschen wie bei den Atomen. Sie ziehen sich an, aber wenn sie sich ganz nah sind, wirkt eine andere Kraft, die verhindert, dass sie ganz zusammenkommen. (Stamm, zit. nach Kasaty, S. 405)

Stamms Figuren spiegeln Individualisierung in emotional erkalteter Gesellschaft

In seiner Weltsicht schließt Liebe das Scheitern stets mit ein. Stamm zeichnet in seinen Werken das authentische Bild einer sozial und emotional erkalteten Welt. Seine Protagonisten suchen stets nach Glückserlebnissen, doch sie können sie nicht dauerhaft finden. Sie spiegeln in ihrer Vereinzelung den Individualisierungstrend unserer Gesellschaft, der den bindungsunfähigen Single als Typus hervorgebracht hat. In ihrer Suche nach wärmender Geborgenheit fallen sie immer wieder auf sich selbst zurück. Mit jedem Fehlversuch wächst die Angst, sich selbst preiszugeben. Die Neigung, als Selbstschutz unnahbar, gefühllos und kalt zu erscheinen, wächst.

Literatur ist immer ein Spiegel ihrer Zeit. […] Wer sich eine wärmere Literatur wünscht, müsste sich vielleicht erst um eine wärmere Gesellschaft kümmern. (Stamm, zit. nach Kasaty, S. 400 f.)

Wie im wirklichen Leben erweist sich das Warten auf den richtigen Partner bei Stamm als eine Summe verpasster Gelegenheiten.

Anonymität und das Scheitern auf der Suche nach dem Glück

Agnes als Diagnose des Gesundheitszustands der Menschheit

Stamms Erstlingswerk liest sich als Exempel seiner grundlegenden Überlegungen und liefert eine „unerbittliche Diagnose des Gesundheitszustandes der Menschheit an der Schwelle zum dritten Jahrtausend" (Jambor, 2008, S. 31). Schon die Auswahl der Handlungsorte spricht Bände.

VEREINZELUNG UND GEFÜHLSKÄLTE DER SINGLE-GENERATION

Stamm wählt die weit nördlich gelegene Großstadt Chicago als Schauplatz seiner Geschichte. Chicago besitzt eine Jahresdurchschnittstemperatur von 10,5 Grad Celsius mit extrem kalten Wintern und feucht-warmen Sommern. Im Januar beträgt die durchschnittliche Temperatur −6 Grad. Schnee- und Eisstürme sind keine Seltenheit, da über den Lake Michigan in dieser Jahreszeit die stärksten Winde wehen. Mit seinen knapp drei Millionen Einwohnern ist Chicago die drittgrößte Stadt der USA. Bis zu zehn Millionen Menschen leben in Chicagos Speckgürtel. Die Kälte und Anonymität dieser Metropole ist mit Bedacht gewählt, schafft sie doch die äußeren Voraussetzungen für eine innere Verfasstheit.

Kälte und Anonymität der Großstadt Chicago

Der Erzähler wohnt in einem Wolkenkratzer am Doral Plaza. Das Leben in einem solchen Haus ist per se durch die unpersönliche Distanz zu den Mitbewohnern gekennzeichnet. Man sieht sich kaum und kennt sich nicht. So ist es kein Wunder, dass der Erzähler, obwohl er bereits ein Jahr dort lebt, niemanden kennen gelernt hat. Der Nachtportier muss sich seinen Namen buchstabieren lassen, da er ihm völlig unbekannt ist (93).

Unpersönlicher Wolkenkratzer

Durch sein Apartment auf der 27. Etage ist er dem sozialen Leben entrückt. Unten sieht er das pralle Leben. Ihn zieht es aber eher auf die kalte und windige Dachterrasse. Sein Frühstück nimmt er am liebsten in der anonymen Atmosphäre eines Cafés ein, in dem er nicht angesprochen werden will.

Apartment und Dachterrasse hoch über dem prallen Leben

Stamm komponiert die Orte und Figuren bis ins letzte Detail durch. Keineswegs zufällig lässt er den Erzähler Agnes erstmalig in der Chicago Public Library treffen. Auch dies ist ein öffentlicher Ort, zu dem man kommt, um allein und ungestört zu sein, nämlich, um konzentriert zu arbeiten. Genau dies verbindet die beiden Protagonisten des Romans. Beide üben bezeichnenderweise Berufe aus, die nichts mit Menschen zu tun haben. Der nüchterne Sachbuchautor verliebt sich in eine Physikstudentin, die sich lediglich an der Symmetrie von Kristallplatten berauschen kann.

Verbindung durch Ort, an dem man ungestört sein will

Berufe haben nichts mit Menschen zu tun

Agnes lebt in einer Wohnung, die seltsam „unbelebt" (39) wirkt. Die emotionale Kälte wird nur durch die Ge-

69

VEREINZELUNG UND GEFÜHLSKÄLTE DER SINGLE-GENERATION

Heizung in Agnes' Wohnung übertüncht Einsamkeit

räusche der Heizungsrohre (!) durchbrochen. Nur die Heizung kann ihr das Gefühl geben, „nicht allein zu sein" (46).

Sowohl der Erzähler als auch Agnes sind eingefleischte Singles. In der Vergangenheit hat der Erzähler einige Freundinnen gehabt, doch das Glück scheint nicht lange gehalten zu haben. Nun hat er sich für den Moment mit dem „Alleinsein abgefunden" (15). Die junge Physikerin

Isolierte Singles

scheint fast noch stärker sozial isoliert zu sein. Außer ihren Streicherinnen, mit denen sie sich einmal in der Woche trifft, scheint sie keine sozialen Kontakte zu haben. Erfahrungen mit Männern hat sie gar keine. Mit 25 Jahren ist sie immer noch Jungfrau. Auch in ihrem Viertel ist sie nicht sozial verankert. Sie fühlt sich dort wohl, „obwohl sie niemanden kenne" (44).

Beziehungswärme parallel zu Außentemperaturen

Das gemeinsame Glück der beiden Protagonisten währt nur kurze Zeit. Es beschränkt sich zeitlich auf den Sommer. Mit den erhöhten Außentemperaturen steigt auch die innere Wärme, doch mit dem Einsetzen des Herbstes und Winters kühlt die Beziehung merklich ab. Scheinbar zwangsläufig führt sie in den Kältetod, passend zu den Januar-Minusgraden.

Spiegelung in Seurats Gemälde

Wie in dem Bild von Seurat kompositorisch gespiegelt (Kap. 14), ist ihr Glück punktuell. Die Suche nach glücklichen Menschen, zu der sich die beiden Liebenden im Art Institute of Chicago aufmachen, ist ihre Suche nach sich selbst. In dem pointillistischen Gemälde finden sie diese glücklichen Menschen nicht. Das symbolträchtige Scheitern verweist auf den Erzähler und Agnes zurück.

Distanz nicht überbrückbar

Die Distanz zwischen beiden kann nie vollkommen überwunden werden. Der Altersunterschied und die Sprachbarriere stehen dauerhaft zwischen ihnen. Als Agnes in das Apartment des Erzählers zieht, bringt sie nur zwei Koffer mit Kleidern, ihr Cello und einige wenige persönliche Dinge mit (66), da ihre Wohnung so schnell nicht gekündigt werden kann. Es ist ein Glück auf Zeit.

Louise – Single der Spaßgesellschaft

Nicht zuletzt passt auch Louise in die porträtierte Single-Gesellschaft. Auch sie hat offensichtlich keine Freundinnen. Zur Party ihrer Eltern lädt sie nur den Erzähler ein (144). Sie verkörpert wie keine andere Figur die moderne Spaßgesellschaft. „Hauptsache, wir amüsieren uns" (106), scheint ihr Lebensmotto zu sein. Wie für den Erzähler ist Verantwortung in einer Beziehung für sie ein Fremdwort. Sie steht für Intimität ohne Liebe, für ausgelebte Sexualität ohne engere Bindung. Auch sie scheitert am Ende in ihrem Streben nach dauerhaftem Glück.

Gestörte Eltern-Kind-Beziehungen

Nicht nur die Liebesbeziehungen, sondern auch die Eltern-Kind-Beziehungen zeichnen sich durch Oberflächlichkeit oder Kälte aus. Im Zentrum wird Agnes' problematisches Verhältnis zu ihrem Vater entfaltet. Der Familienpatriarch hat ein gespaltenes Verhältnis zu seiner Tochter. Er schickt sie gegen ihren Willen ins Pfadfinderlager. Eine Nachbarstochter zieht er Agnes stets vor und versucht sie nach deren Bild zu formen. Bei der Examensfeier führt er sich auf wie ein gekränkter Liebhaber und bezeichnet seine Tochter als „Flittchen" (40), weil sie mit einem anderen (Herbert) flirtet. Mit dem Wegzug der Eltern aus dem nördlichen Chicago in das warme Florida, kommt es zu einem „Kälte-Bruch" (Luterbach, S. 26).

Kältebruch zwischen Agnes und ihren Eltern

Auch die Beziehung von Louise und ihren Eltern wirkt oberflächlich. Der Mann, den ihre Tochter für ihre Thanksgiving-Party einlädt, ist für sie fast automatisch als künftiger Schwiegersohn gesetzt, obwohl Louise ihnen diesbezüglich nichts erzählt hat.

Oberflächliches Verhältnis zwischen Louise und Eltern

> Oh, es ist nichts dabei. Sie würden mich nur gern unter der Haube sehen. Und sie sind froh, daß ich endlich einmal einen Freund habe, der einen anständigen Beruf hat. (102)

Nicht zuletzt werden die gestörten Eltern-Kind-Beziehungen in der ungewollten Elternschaft thematisch variiert. Der Erzähler hat große Schwierigkeiten, sich mit der Vaterrolle anzufreunden. Schon bei einer früheren Freundin spricht er nicht mit seiner Partnerin über die mögliche Schwangerschaft (92). Wochenlang wälzt er den Gedanken allein in sich herum. Bei Agnes ist seine

Ungewollte Elternschaft

Position von Beginn an klar. Vaterschaft passt nicht in sein Bild von ihrer gemeinsamen Beziehung, so dass er sie zur Abtreibung drängt. Auch Agnes scheint das Kind nicht gewollt zu haben. Offensichtlich hat sie die Pille zur Empfängnisverhütung genommen (89). Ihre Fehlgeburt ist nicht nur dramaturgisch für den Gang der Handlung notwendig, sondern auch ein Symbol dafür, dass das unerwünschte Kind in der kalten Welt seiner Eltern nicht „lebensfähig" (111) gewesen wäre.

Du sollst dir kein Bildnis machen – Die Identitätsproblematik

Anknüpfung an eine schweizerische Literaturtradition	→	Mit der Bildnisproblematik knüpft Peter Stamm an eine Thematik an, die Max Frisch in seinen Werken aufgeworfen hatte.
	→	Die Festlegung auf ein Bild wirkt zerstörerisch. Sie macht die Annäherung an die wirkliche Person unmöglich.
	→	Die Videoaufnahme ist eine moderne Variante der Bildnisproblematik.
	→	Zu große Nähe verhindert das Erkennen der wahren Identität.
	→	Die Identität der beiden Protagonisten bleibt bruchstückhaft.

Peter Stamm ist der eidgenössischen Literaturtradition verpflichtet

Peter Stamm ist als Schweizer in eine eidgenössische Literaturtradition eingebunden. Er schreibt nicht nur auf dieser Grundlage, sondern ist auch nur auf dieser helvetischen Tradition zu verstehen, die sich vom deutschen Kulturbetrieb deutlich unterscheidet. Auch wenn die Sprache der Werke die gleiche ist, differieren die Schreibtraditionen hinsichtlich der Themen und der literarischen Vorbilder. Die Schweizer Nachwuchsautoren orientieren sich zwangsläufig an Max Frisch und Friedrich Dürrenmatt, den Übervätern der Nachkriegsgeneration, mit denen sie auch stets verglichen werden.

Es ist daher nicht überraschend, dass Stamm in seinem Debütroman *Agnes* eine Thematik aufgreift, die das Gesamtwerk von Max Frisch durchzieht – die Bildnis- bzw. Identitätsproblematik.

DU SOLLST DIR KEIN BILDNIS MACHEN – DIE IDENTITÄTSPROBLEMATIK

Es ging mir in *Agnes* um die Bilder, die wir uns von anderen Menschen machen. Man lebt in Beziehungen oft nicht so sehr mit der geliebten Person als mit dem Bild, das man sich von dieser Person gemacht hat. Ich glaube, das ist der Grund für einen großen Teil der Beziehungsprobleme. Die Bilder im Kopf sind oft stärker als die Realität. Es ist verblüffend, wie sehr die Realität von unseren Vorstellungen abweichen kann, bevor wir es merken. (Stamm, zit. nach Kasaty, S. 402)

Bilder von anderen Menschen

Frisch hatte schon in seinem ersten Tagebuch (1946-1949) unter der Überschrift „Du sollst dir kein Bildnis machen" festgehalten:

Es ist bemerkenswert, daß wir gerade von dem Menschen, den wir lieben, am mindesten aussagen können, wie er sei. Wir lieben ihn einfach. Eben darin besteht ja die Liebe, das Wunderbare an der Liebe, daß sie uns in der Schwebe des Lebendigen hält, in der Bereitschaft, einem Menschen zu folgen in allen seinen möglichen Entfaltungen. […] Die Liebe befreit aus jeglichem Bildnis. Das ist das Erregende, das Abenteuerliche, das eigentlich Spannende, daß wir mit den Menschen, die wir lieben, nicht fertig werden: weil wir sie lieben; solang wir sie lieben. […] Unsere Meinung, daß wir das andere kennen, ist das Ende der Liebe, jedesmal, aber Ursache und Wirkung liegen vielleicht anders, als wir anzu-nehmen versucht sind – nicht weil wir das andere kennen, geht unsere Liebe zu Ende, sondern umgekehrt: weil unsere Liebe zu Ende geht, weil ihre Kraft sich erschöpft hat, darum ist der Mensch fertig für uns. Er muß es sein. Wir können nicht mehr! Wir künden ihm die Bereitschaft, auf weitere Verwandlungen einzugehen. Wir verweigern ihm den Anspruch alles Lebendigen, das unfaßbar bleibt, und zugleich sind wir verwundert und enttäuscht, daß unser Verhältnis nicht mehr lebendig sei.
„Du bist nicht", sagt der Enttäuschte oder die Enttäuschte: „wofür ich dich gehalten habe."
Und wofür hat man sich denn gehalten?
Für ein Geheimnis, das der Mensch ja immerhin ist, ein erre-gendes Rätsel, das auszuhalten wir müde geworden sind.
Man macht sich ein Bildnis. Das ist das Lieblose, der Verrat.
(Frisch, Bd. 2, S. 369-370)

Frischs Tage-buchnotiz „Du sollst dir kein Bildnis machen"

Wie kein zweites Thema prägt diese Problematik Frischs Denken und schriftstellerisches Wirken. Ausgehend von der zitierten Prosaskizze wird das Bildnis für ihn zum tödlichen Verrat. Die Festlegung der geliebten Person

Bildnis als Verrat

auf das gemachte Bild muss zu Enttäuschungen führen und wirkt zerstörerisch. Max Frisch entfaltet dies in mehreren seiner Romane und Dramen.

Stiller

Erstmalig taucht die Bildnis-Thematik in dem Roman *Stiller* auf. Der Protagonist Mr. White wird aufgrund seiner Ähnlichkeit für den Bildhauer Ludwig Anatol Stiller gehalten. Mit dem berühmt gewordenen Satz „Ich bin nicht Stiller" verweigert er die ihm zugewiesene Rolle und Identität, die sich die Gesellschaft in der Vergangenheit von dem verschollenen Bildhauer gemacht hat.

Homo faber

In dem Roman *Homo faber. Ein Bericht* erkennt der Protagonist, wie sein technisch-naturwissenschaftliches Weltbild vollkommen versagt. In der Begegnung mit seiner Tochter Sabeth legt er sich das falsche Bild zurecht, dass er nicht ihr Vater sein könne. Die inzestuöse Liebe zu seiner Tochter wirkt zerstörerisch. Die Enthüllung ihrer wahren Identität geht mit ihrem Tod einher.

Andorra

Nicht zuletzt in *Andorra* zeigt Frisch den tödlichen Mechanismus einer Gesellschaft, die ihren Vorurteilen entsprechend einen Menschen darauf festlegt, ein Jude zu sein. Der soziale Druck wird so stark, dass der Protagonist Andri schließlich wider besseres Wissen die Rolle annimmt und daran zugrunde geht.

In all diesen Texten verhindert das Bildnis die tiefgründige Auseinandersetzung mit der realen Person. Das Bemühen um das Erkennen des anderen bleibt aus, Wandlungen werden nicht zugelassen.

Bilder des Erzählers von seinen Freundinnen

Peter Stamm greift diese literarische Fragestellung auf, variiert und erweitert sie im Raum von Realität und Virtualität. Auf *Agnes* bezogen, gehört es zu den alltäglichen Strategien des Erzählers, sich ein Bild von seinen Partnerinnen zu machen. Im Kopf ist er der Wirklichkeit voraus, denkt die Beziehung weiter und malt sich die Zukunft aus. Die spärlichen Einsprengsel über frühere Beziehungen belegen, dass der Aufbau einer eigenen fiktiven Welt nicht erst mit Agnes einsetzt. Auch die vernichtende Kraft des Bildnisses hat der Erzähler bereits erfahren. Mehrfach wird erwähnt, dass das ge-

machte Bild Ursache für das Scheitern der Beziehungen
ist. Einmal erkennt sich eine Freundin in einer seiner
Geschichten wieder und trennt sich deshalb von ihm –
so zumindest die offizielle Version des Erzählers (50). Bei
einer anderen Freundin malt er sich wegen eines geplatzten Kondoms aus, wie es sei, wenn er Vater werden
würde und legt seine Zukunft auf dieses Bild fest. Alternativen sind im wahren Leben nicht vorgesehen. Deshalb kommt es zur Trennung, als seine Freundin wider
Erwarten nicht schwanger ist (92).

Diese Beziehungsmuster werden in der Agnes-Geschichte wieder aufgegriffen und ausgearbeitet. Schon am
zweiten Tag ist die Beziehung des Erzählers in seinem
Kopf sehr weit gediehen, obwohl sie sich noch nicht einmal verabredet haben. Der Erzähler kümmert sich in
der Folgezeit mehr um das Bildnis als um die reale Agnes. Stundenlang entwirft er die fiktive Geschichte. Der
lebendigen Frau hingegen schreibt er nur eine nichtssa-
gende Postkarte (112). Wie bei Max Frisch verhindert in
Stamms Roman die Fixierung auf das Bildnis offenbar
die Annäherung an das wahre Gegenüber.

> Bildnis verhindert Annäherung an lebendige Agnes

In letzter Konsequenz führt sie sogar zum Scheitern der
Beziehung. Durch das Schreiben wird explizit gemacht,
wie der Erzähler Agnes und ihre gemeinsame Beziehung
sieht. Spätestens in dem Moment, als er in die Zukunft
vorstößt, wird klar, dass er sie damit in eine Rolle drängt,
die sie zu spielen hat. In der fiktiven Geschichte gibt er
ihr vor, was sie zu tun hat. Als die Realität mit der fiktiven Vorgabe nicht mehr in Einklang zu bringen ist („Agnes wird nicht schwanger" (89)), kommt es zum Bruch,
der später nur noch oberflächlich gekittet werden kann.
Der kontrollsüchtige Erzähler lässt es nicht zu, dass die
Realität von seinem Drehbuch abweicht. Die Bilder im
Kopf sind stärker als die Wirklichkeit, sie verlangen
nach Anpassung der realen Gegebenheiten.

> Bilder im Kopf verlangen nach Anpassung der Realität

Agnes' reale Identität stört und wird durch ein fiktives
Bildnis ersetzt. Voraussetzung dafür ist, dass durch die
Literarisierung die reale Agnes unnahbar wird. Kurz
nachdem der Erzähler die Gegenwart erreicht hat, empfindet er sein Gegenüber erstmalig als Fremde (59). Die

> Reale Entfrem-
dung und fiktive
Aneignung

gewonnne Distanz ist der Nährboden für zukünftige Projektionen.

> Der Ich-Erzähler hat Agnes freigeschrieben, hat sie sich durch sein Schreiben angeeignet als leere, zu bearbeitende und nach Belieben zu gestaltende Figur. Er hat die reale Agnes sich entfremdet, um sie sich als eine andere wieder vertraut zu machen. (Schmid, S. 92)

Frieren als Symptom einer inneren Entfremdung

Agnes erlebt diesen Prozess als Entfremdung von sich selbst. Der Verlust ihrer selbstbestimmten Identität, ihre innere Distanz zu ihrem wahren Ich wird durch das einsetzende Frieren verdeutlicht. Erfolglos sträubt sie sich gegen die Beendigung der Geschichte. Die fiktive Agnes findet erst im Schneetod zu sich selbst zurück. Die Wärme, die die Figur am Ende durchflutet, ist das Symptom für das Ende der Identitätskrise. Ob die reale Agnes diesem literarischen Vorbild folgt oder einfach durch die Trennung zu ihrer selbstbestimmten Identität zurückfindet, bleibt offen.

Wiedererlangen der selbstbestimmten Identität

Videoaufnahme als moderne Bildnisvariante

Stamm spielt mit dem Bild, das man sich vom anderen macht, noch in einer zusätzlichen Variante, die auf die technischen Möglichkeiten an der Jahrtausendwende zurückgreift. Interessanterweise versagt das Medium der Videoaufnahme, um die Identität aufzuklären. Agnes ist im Video von ihrem gemeinsamen Ausflug im Hoosier Nationalpark nur gespiegelt zu erkennen. Hinter der Kamera, die sie gerade bedient, ist sie „kaum zu sehen" (10). Der Versuch, den Erzähler im Bild zu erfassen, scheitert. Die Ablichtung vereinzelter Körperteile sperrt sich gegen ein Gesamtbild. Die zoomende Annäherung führt nur dazu, dass das Bild „unscharf" (11) wird. Bevor man den Erzähler vollkommen erkennen kann, „hört der Film auf" (153).

(Emotionale) Nähe verhindert Erkenntnis

Der Film stammt aus den glücklicheren Tagen der Beziehung. Stamm greift hier Max Frischs Überlegung auf, dass man sich von dem Geliebten am wenigsten sagen kann, wie er bzw. sie ist. Die Liebe verhindert das Bildnis. Aus der Nähe ist es unmöglich, den anderen zu erkennen, man liebt ihn einfach. Dies korrespondiert mit einem anderen Medium, das der Autor als Referenzrahmen nutzt. Seurats Bild (68 f.), welches aus lauter einzel-

nen Punkten besteht, zerfällt aus der Nähe betrachtet in seine Einzelteile. Erst aus der Distanz ergibt sich auf der Netzhaut des Betrachters ein Gesamtbild.
Am Ende ersetzt die Videoaufnahme – wie die fiktive Geschichte ein medial vermitteltes Bildnis – die reale Agnes. Von der lebendigen Frau bleibt nichts übrig.

Insgesamt ist auffällig, dass bei beiden Protagonisten die Identität von Beginn an nur bruchstückhaft vorhanden ist. Der Ich-Erzähler gibt im gesamten Roman nicht einmal seinen Namen preis. Über beide Figuren erfährt der Leser wenig. Mit größter Zurückhaltung und nur scheibchenweise gibt der Erzähler Einblicke in ihre Vergangenheit.

Von Beginn an nur bruchstückhafte Identität

Amerika und Europa

→ Stamm entfaltet die kollektiven Bilderwelten im Zusammenhang mit Louise und ihren Eltern.
→ Die Vorurteile und Projektionen haben mehr mit dem Selbstbild der Europäer zu tun als mit Amerika.
→ Die USA dienen als Kontrastfolie zur eng und konservativ empfundenen Schweiz. Der Erzähler fühlt sich als Fremder in Chicago, was seine Einsamkeit verstärkt.
→ Die ausgewählten Beispiele amerikanischer Geschichte und Kultur (Pullman-Streik, Halloween, Silvesterbrauch) verweisen auf die Romanhandlung.

Klischeehafte Bilder zweier Kulturen

Stamm spielt das Bildnisthema auf einer weiteren Ebene durch. Er belegt damit, dass nicht nur zwischen zwei Personen, sondern auch zwischen Völkern bzw. Kulturkreisen vorgefertigte Meinungen das Verhältnis prägen. In typischer Weise für die Schweizer Literatur geht es auch in Stamms Roman um fixe Vorstellungen von Amerika und Europa. Im Zentrum der kollektiven Bilderwelten stehen Louise und ihre Eltern, die aufgrund ihrer eigenen Geschichte beide Kulturen vereinigen. Die verwendeten Beispiele wirken oberflächlich betrachtet äußerst klischeehaft. So entspricht es dem gängigen Amerika-Bild der Europäer, dass die Amerikaner nicht über ihren Tellerrand hinausschauen und nichts von der Welt wissen. Dies führt Stamm mit Ironie und Humor

Louises Familie vereinigt beide Welten

Ironische Darstellung der Unwissenheit der Amerikaner

vor, indem er Louises Mutter den bekannten österreichischen Ski-Ort St. Anton als „Stanton" (100) aussprechen lässt. Darüber hinaus muss der Leser unweigerlich schmunzeln, wenn er erfährt, dass sie selbst nach Europa gekommen war, „um sich einen Adligen zu angeln" (100). Diese abstruse Idee wirkt für jeden Europäer weltfremd, doch ist es das überzeichnete, von Schlössern wie Neuschwanstein geprägte amerikanische Bild des geschichtsträchtigen europäischen Kontinents.

USA als Land der unbegrenzten Möglichkeiten

Für den Erzähler sind die Vereinigten Staaten geschichtslos und „noch ganz jung" (101), so dass alles viel frischer, farbiger erscheint als in Europa. Hier sitzt er der klischeehaften Vorstellung auf, das in Amerika „noch alles möglich" (101) sei. Mit Recht stellt Louise jedoch fest:

Projektionen haben vor allem mit Selbstbild zu tun

> Das Bild, das sich die Europäer von Amerika machen, hat mehr mit ihnen selbst zu tun als mit Amerika. Das gilt natürlich auch umgekehrt. (101)

Aus europäischer Perspektive betrachtet wird Amerika als das Land der Freiheit verstanden. Deshalb sieht der Erzähler die Hintergründe für die Erhebung der Pullman-Arbeiter selbstverständlich in deren Freiheitsstreben, während der stärker amerikanisierte Vater Louises rein materialistische Gründe gelten lassen will (144 f.).

Amerika als Kontrast zur konservativen, engen Schweiz

Das literarisch präsentierte Amerika ist nicht nur schmückendes Beiwerk. Es trägt natürlich zum Lokalkolorit bei, besitzt aber noch andere wichtige Funktionen. Zum einen dient es als Kontrastfolie gegenüber der als konservativ und restriktiv empfundenen Schweiz, die als Hintergrund des Erzählers mitgedacht werden muss. Nur in der Anonymität der fortschrittlichen Metropole Chicago kann der Erzähler seine Einsamkeit kultivieren. Die unendliche Weite der Wälder steht im Gegensatz zu der Enge der Heimat. Wie Louise ist der Ich-Erzähler ein Fremder in den USA.

Elemente der amerikanischen Kultur verweisen auf Handlung

Zum anderen ist zu betonen, dass die herangezogenen Beispiele amerikanischer Kultur handlungstragend sind. Das Freiheitsstreben der Pullman-Arbeiter wirft ein erhellendes Licht auf Agnes' Ausbruchsversuch aus dem Gefängnis des Erzählers. Der Halloween-Maskentanz steht leitmotivisch im Kontext von Rolle und Identität. Der Neujahrsbrauch mit dem Ritual, sich der Verstorbenen zu erinnern („Should auld acquaintances be forgot" (137)), spielt auf Agnes' Verschwinden bzw. Tod an. Nicht zuletzt zu erwähnen ist die Vorstellung, dass in Amerika alle Geschichten gut ausgehen (137). Dies steht in einem scharfen Kontrast zum wirklichen Leben, in dem die Beziehung scheitert.

Leitmotive

Stringente Komposition ohne Aufdringlichkeit	→ Kälte und Wärme bzw. Leben und Tod bilden das zentrale komplimentäre Motivbündel.
	→ Die Kälte als klimatisches Charakteristikum des Handlungsortes Chicago muss als Metapher für den Seelenzustand der Figuren und ihrer Beziehung gelesen werden. Dieser Bildbereich für das innere Erleben wird leitmotivisch durch Müdigkeit, Krankheit und Tod ergänzt.
	→ Das Leitmotiv der Isolation wird verdinglicht (Isolierglas, Wolkenkratzer). Am Ende der Vereinsamung steht das eigene Spiegelbild.
	→ Agnes' Versuch, Spuren im Leben zu hinterlassen, scheitert. Die reale Agnes wirkt seltsam leblos. Dies wird auch durch die Fehlgeburt zum Ausdruck gebracht.
	→ Masken, Bilder und Rollenspiel verweisen auf die Frage von Bildnis und Identität. Fotografien und Videoaufnahmen vervollständigen diesen Motivkomplex.
	→ Punkte und Sterne symbolisieren brüchige Glücksmomente.

Kälte und Tod

Spielerische Verknüpfung der Leitmotive auf mehreren Ebenen

Zu Recht hat die Literaturkritik darauf hingewiesen, dass es Peter Stamm in seinem Debütroman gelungen ist, eine vollendete leitmotivische Komposition zu erstellen. Die verwendeten Motive sind dabei keineswegs neu, doch die Stringenz der Verknüpfung der einzelnen Motive ist bemerkenswert. Mit Leichtigkeit spielt der Autor auf verschiedenen Ebenen die Motivketten durch, ohne dass der Leser dies als penetrant oder aufdringlich empfindet.

Dominierend ist das Motivbündel um Kälte und Tod, welches seine komplementären Entsprechungen im Motiv der Wärme bzw. des Lebens besitzt. Von Beginn an baut Stamm einen Gegensatz von warmen Innenräumen und kalten Außenbereichen auf. Besonders das Dach des Wolkenkratzers, dem prallen Leben am Boden entzogen und Wind und Wetter ausgesetzt, ist mit Kälte

KÄLTE UND TOD

(66, 126) belegt. Demgegenüber wird neben der „über-heizten" (14) Bibliothek auch die Wohnung des Erzäh-lers als „fast zu warm" (132) beschrieben. Die Wärme wird eindeutig mit Nähe konnotiert, die der bindungs-scheue Erzähler als ambivalent erfährt. Es ist bezeich-nend, dass die Räume nicht als angemessen temperiert, sondern als unangenehm warm geschildert werden.

Unangenehm warme Innenräume – Metapher für ambivalente Nähe

Die Überhitztheit der Public Library, dem Ort der ersten Annäherung, verweist metaphorisch auf die Tatsache, dass der Erzähler Agnes' Platzwahl ihm gegenüber als Distanzverletzung empfindet. Die zu große Nähe löst bei ihm wie im gesamten Verlauf des Romans wider-sprüchliche Gefühle aus, die von Unbehagen dominiert werden.

Jedes Mal, wenn die beiden Protagonisten durchgefro-ren aus der Kälte kommen, kann der Beziehungsakku zumindest kurzfristig im Innenraum wieder aufgeladen werden. Besonders am Weihnachtsabend wird dies deut-lich, nachdem sie auf der eiskalten Dachterrasse des Do-ral Plaza den Himmel beobachtet haben.

Glücksmomente aus der Kälte

> „Komm, wir gehen hinunter. Mir ist kalt."
> Als wir wieder in die Wohnung kamen, waren wir völlig durch-froren. Ich nahm ein Bad. Agnes kam ins Badezimmer. Sie zog sich aus und stieg zu mir in die Wanne. […] Wir badeten lange und ließen immer wieder heißes Wasser nachlaufen. Dann trockneten wir uns gegenseitig ab, und ich frottierte und kämmte Agnes' Haar. Im Schlafzimmer machte Agnes das Licht aus, und wir schliefen miteinander. (127 f.)

Die intime Harmonie endet freilich in einer Eifersuchts-szene, das punktuelle Glück ist nicht von Dauer. Doch schon am nächsten Tag fühlt sich der Erzähler – aber-mals aus der Kälte kommend – Agnes „näher […] als sonst" (132), als er die Wohnung betritt. Allerdings bleibt offen, ob es die lebendige Agnes oder sein fiktives Geschöpf ist, das er beschreibt.

Wärme wird der Einsamkeit bzw. der gesellschaftlichen Isolation entgegengesetzt. Diese Verbindung nutzt Stamm auch bei Agnes' Wohnung. Die Dampfheizung, die den Erzähler beim Schlafen stört, gibt Agnes „das Gefühl, nicht allein zu sein" (46), wenn sie nachts auf-wacht.

Wärme gegen Einsamkeit

KÄLTE UND TOD

Einklang mit der Natur und sich selbst

Nicht zuletzt verbindet der Autor Wärme mit der Vorstellung, im Einklang mit sich und der Natur zu sein. Dies wird besonders während des Ausflugs im Hoosier National Park deutlich.

> Dann traf die Sonne das Zelt, und es wurde ganz hell darin und schnell wärmer. Als wir endlich ins Freie krochen, war es so warm, daß Agnes sich auszog und sich im kalten Wasser des Sees wusch. Und dann liebten wir uns noch einmal [...]
> „Man ist viel nackter unter freiem Himmel", sagte ich.
> „Aber man könnte so leben", sagte Agnes, „ nackt und ganz nah an allem."
> „Hast du keine Angst mehr, in der Natur unterzugehen? Zu verschwinden?"
> „Nein", sagte sie und spritzte mich an, „heute nicht." (75 f.)

Kälte als Ausdruck innerer Entfremdung

Im Gegensatz dazu verweist die äußere Kälte eindeutig auf innere Defizite. Im Frühjahr, als die Protagonisten sich kennen lernen, ist davon noch nichts zu spüren. Mit den sommerlichen Temperaturen erleben die beiden einen emotionalen Hochpunkt. Doch mit dem Schreiben der Geschichte wird Agnes in eine Rolle gedrängt und auf ein Bild fixiert. Sie wird dabei von sich selbst entfremdet. Mit dem Schreibprozess beginnt als Ausdruck dieser inneren Befindlichkeit ihr Frieren. Das erste Anzeichen dieser Entwicklung wird in dem Moment sichtbar, als die Geschichte Ende August die Gegenwart erreicht. Veräußerlichtes Symptom ist eine Erkältung (66), die sich Agnes auf dem Dach des Doral Plaza zuzieht. Die zunächst kaum merkliche Kälte, die sich einschleicht und zwischen die Protagonisten schiebt, wird mit dem Einsetzen des herbstlichen Regens und des eisigen Winters zum emotionalen Dauerzustand. Am Weihnachtsabend macht der kurze Besuch auf der eisigen Dachterrasse Agnes so krank, dass sie sich nicht mehr davon erholt. Sie schläft viel und verlässt „ganze Tage lang" (139) kaum das Schlafzimmer. Das winterliche Setting,

Winter, Müdigkeit und Erkältung als Metaphern für Beziehungszustand

die Müdigkeit und die abermalige schwere Erkältung sind als Metaphern für die Leere und Beziehungslosigkeit zu deuten, die zwischen dem Erzähler und Agnes herrscht. Sie zieht sich völlig aus dem zuvor aktiven Leben zurück. Parallel zu den sinkenden Temperaturen gelangt auch die Beziehung zum Jahresende auf ihren „Tiefst- und Gefrierpunkt" (Luterbach, S. 20).

In der Fiktion kann die äußere Kälte Agnes nichts anhaben. Im Gegenteil, sie stellt die Minusgrade im Schnee nur fest, *„ohne sie zu fühlen"* (151). Als sie sich im inszenierten Selbstmord in den Schnee legt, gewinnt sie sogar ihre innere Wärme zurück. Von den Gliedmaßen breitet sich die Hitze aus,

> *bis es ihren ganzen Körper durchdrang und es ihr schien, als liege sie glühend im Schnee, als müsse der Schnee unter ihr schmelzen. (152)*

Wiedergewinnung innerer Wärme

Endlich kann sie sich wieder selbst spüren und findet damit zu sich selbst zurück. Der Schneetod ist eine Erlösung aus der gefühlskalten Beziehung mit dem Erzähler und ihrer Selbstentfremdung. Sie gewinnt ihre selbstbestimmte Identität zurück.

Schneetod als Erlösung aus Entfremdung

Die Kälte erzeugt eine Grundstimmung des Romans, die bis ins letzte Detail durchdacht ist. Besonders das erste Kapitel setzt die Tonlage. Manchmal gestaltet Peter Stamm freilich das Motiv auch mit spielerischem Witz und Augenzwinkern. So fällt dem emotional unterkühlten Erzähler beispielsweise ein Gedicht von „Robert Frost" (24) ein, als Agnes und er über den Tod sprechen. Durchaus sinnbildlich darf man wohl auch das Verspeisen einer „Tiefkühlpizza" (120) verstehen, als die Beziehung der beiden Protagonisten im Winter ihrem Ende entgegengeht.

Kapitel 1 setzt Kälte als Grundstimmung

„Robert Frost"

Tiefkühlpizza

Mit der Kälte korrespondiert das Motiv der Isolation der Figuren. Der anonyme Wolkenkratzer ist durch „Isolierglas" geschützt, die „Fenster lassen sich nicht öffnen" (9). Menschen lassen sich aus dem Appartment des Erzählers nur als winzige Punkte wahrnehmen. Die lebendige Agnes will an einem Ort, der dem Leben so entrückt ist, nicht wohnen (49). Immer wieder sucht der Erzähler Plätze auf, um der Gesellschaft von Menschen zu entkommen. Dabei ist nicht nur an die Dachterasse des Doral Plaza zu denken, sondern auch an die einsamen Spaziergänge, an die kontaktarmen Cafés und die menschenleere Wildnis. Kulminationspunkt der Einsamkeit ist der Moment, als er nur noch sein eigenes „Spiegelbild" (92) sieht. Unfähig, sich auf Agnes einzulassen, symbolisiert dies seine extreme Selbstbezogenheit.

Isolierglas ohne Öffnung

Spiegelbild als Ausdruck der Selbstbezogenheit

KÄLTE UND TOD

Prominente Stellung des Todesmotivs zu Beginn

Das Kältemotiv ist durch den fiktiven Selbstmord unauflösbar mit dem Leitmotiv des Todes verknüpft. Die häufigen Anspielungen auf den Tod verweisen auf Agnes' Verschwinden bzw. ihren Selbstmord. Schon die ersten Sätze des Romans („Agnes ist tot. Eine Geschichte hat sie getötet" (9)) weisen durch die prominente Stellung und die doppelte Nennung auf die zentrale Bedeutung dies Motivs hin.

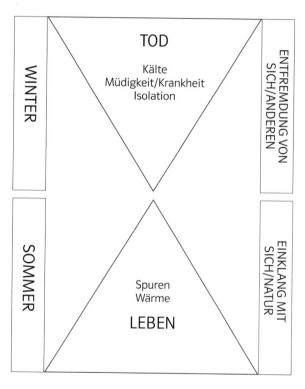

Plötzlicher Tod als Muster, das auf Agnes' Schicksal vorausdeutet

Immer wieder kommt der Tod plötzlich und unerwartet, und bildet damit ein Muster, was auch auf Agnes am Ende des Romans zutrifft. In diesem Zusammenhang ist zunächst die tote junge Frau auf dem Gehsteig zu nennen, die der Erzähler zufällig findet (22 f.). Alter und Gesichtsbleiche erinnern unweigerlich an Agnes. Ähnliches gilt für die Nachbarstochter, die Agnes' Vater gern als Tochter gehabt hätte. Ihr Unfall im Pfadfinderlager

KÄLTE UND TOD

(32 f.) löst ambivalente Gefühle aus. Während der Vater um das Mädchen trauert, ist Agnes froh, sie loszuwerden. Genauso wie Agnes reagiert der Erzähler am Ende des Romans.

Doch auch auf anderen Ebenen wird der Schneetod – seit Robert Walser ein Topos in der schweizerischen Literatur – motivisch vorbereitet. Einen deutlichen Hinweis platziert Stamm während des Ausflugs am Columbus Day. An der vermeintlichen Stelle ihres späteren Selbstmords fällt Agnes in eine todesähnliche Ohnmacht (73). Der Ort liegt in der Nähe eines Friedhofs, dessen Verlassenheit die junge Frau zu einer verräterischen Vision verleitet:

Ohnmacht

Vision auf dem Friedhof

> „Stell dir vor, in wenigen Wochen liegt hier Schnee, und dann kommt für Monate niemand hierher, und alles ist ganz still und verlassen. Es heißt, zu erfrieren sei ein schöner Tod." (77 f.)

Diese Äußerung dürfte den Erzähler überhaupt erst dazu verleitet haben, ihren Tod in der Fiktion so zu konzipieren. Auch die Zukunftsvision des Erzählers, der den Gedanken der Heirat durchspielt, endet düster mit den Worten „Du bist tot" (81).

Düstere Zukunftsvision des Erzählers

Sämtliche literarische Werke, deren Titel zitiert werden, verweisen auf den Tod. Bemerkenswerterweise betonen sie mehrheitlich den Gedanken des Mordes und erweitern somit die Interpretationsmöglichkeiten des Gesamttextes.

Zitierte literarische Werke verweisen auf Mord

> *St. Agnes! Ah! it is St. Agnes' Eve –*
> *Yet men will murder upon holy days*
> *(John Keats)* (Widmung)

> *How to survive Hoosier National Forest* (11)

> *Murder with Mirrors*
> *Murder on the Orient Express*
> (Agatha Christie) (97)

> *How to Survive the First Two Years* (110)

> *A Refusal to Mourn the Death, by Fire, of a Child in London*
> (Dylan Thomas) (130)

MASKEN, BILDER UND ROLLEN

Kokoschkas Bild Mörder, Hoffnung der Frauen

Dies gilt auch für Kokoschkas Bild „Mörder, Hoffnung der Frauen" (39), das in Agnes' Wohnung hängt. Der Titel suggeriert, dass der Tod eine Erlösung sein kann, eine Deutung, die auch zu Agnes' Ende passt.

Spuren als Lebenszeichen

Leben und Lebendigkeit dienen als Kontrastfolie zum Todesmotiv. Die lebendige Agnes muss sich ständig ihrer eigenen Existenz versichern, so dass sie darum bemüht ist, Spuren zu hinterlassen. Nicht nur der Videofilm von ihrem Ausflug, bei dem der Parkranger als „Zeuge" (71) fungiert, steht in diesem Zusammenhang. Besonders die Vorstellung, dass man ihre Doktorarbeit in der Bibliothek ausleihen und lesen kann, verschafft der jungen Physikerin die Genugtuung, unsterblich zu werden.

Im Leben bleibt Agnes' Existenz spurenlos

Paradoxerweise hinterlässt Agnes jedoch keine Lebenszeichen. Ihr Zimmer wirkt seltsam „unbelebt, als sei es seit Jahren von keinem Menschen betreten worden" (39). Ihre Küche ist so sauber, „als sei sie nie benutzt worden"(112). In diesem Kontext passt auch die Fehlgeburt, das verdichtete Symbol von Leben und Tod. Ihre reale Existenz bleibt spurenlos.

Masken, Bilder und Rollen

Zusammenhang mit Bildnis- und Identitätskomplex

Die zahlreichen Verweise auf Bilder und Masken bzw. das Rollenspiel stehen im Zusammenhang mit der Bildnis- bzw. Identitätsproblematik. Der Erzähler gibt sich insgesamt nicht zu erkennen. Im Video, einer technisch modernen Bildvariante, verstellt er sich, indem er eine

Grimasse des Erzählers

„Grimasse" (10) schneidet. Aber auch Agnes setzt eine Maske auf, als sie sich als Elfe (83) für den Halloween-Umzug verkleidet. Sie gibt sich damit die Identität einer

Agnes' Verkleidung als Elfe

irrealen Traumfigur. Durch die Verkleidung ist ihr wahres Ich nicht mehr ersichtlich. Dies geht auch aus den Beobachtungen des Erzählers hervor, der den Umzug vom Balkon des Amtrak-Gebäudes betrachtet.

Maske führt zu falschem Bild

> Dann sah ich eine Gruppe von Frauen in Kostümen aus weißem Tüll und goldenen Bändern. Die Frauen trugen glitzernde Halbmasken. Obwohl sie im Durcheinander kaum zu sehen waren, bildete ich mir ein, eine von ihnen bewege sich wie Agnes, habe denselben etwas steifen Gang. (84 f.)

Oskar Kokoschka: Mörder, Hoffnung der Frauen © Fondation Oskar Kokoschka/VG-Bild-Kunst, Bonn 2011

MASKEN, BILDER UND ROLLEN

Es stellt sich heraus, dass er ein falsches Bild von Agnes besitzt, als er ihr später aus ihrem Kostüm hilft.

Geschichte als Portrait

Es gibt von Agnes nach ihrer Selbsteinschätzung „kein einziges gutes Bild" (48), auf dem man sieht, wie sie tatsächlich ist. Aus diesem Grund wünscht sie sich, dass der Erzähler eine Geschichte über sie schreibt. Sie erhofft sich dadurch einen Einblick, wie der Erzähler sie sieht („damit ich weiß, was du von mir hältst." (50)). Sie versteht die Geschichte wie ein „Porträt" (48), für das sie anfangs bereitwillig Modell sitzt (53). Als „solle sie fotografiert werden" (53), streicht sie sich für den Beginn des Schreibens die Haare aus dem Gesicht.

Modell sitzen wie für ein Gemälde oder Foto

Rollenspiel mit Folgen

Aus der spielerischen Situation, in der der Erzähler Agnes vorgibt, was sie anzuziehen und zu sagen hat, entwickelt sich die prägende Rollenzuweisung des Romans, bei der die junge Frau zu seinem Geschöpf wird. Sie folgt ihm bereitwillig, denn sie möchte „keine Fehler machen" (65).

> Manchmal spielten wir noch das Spiel jenes Abends. Dann schrieb ich am Computer ein paar Szenen und sagte Agnes, was sie zu tun habe, und spielte selbst meine Rolle. Wir trugen dieselben Kleider wie in der Geschichte, machten wie meine Figuren einen Ausflug in den Zoo oder gingen ins Museum. (68)

Bilder im Kopf

Das Rollenspiel nimmt Agnes ihre selbstbestimmte Identität. Die Fiktion wird immer realer, bis der Erzähler fast nur noch in der Geschichte lebt (139). Es sind die „Bilder" (133) im Kopf, die ihm den fatalen Schluss diktieren. Das fiktive Bildnis verselbständigt sich und verdrängt die reale Person.

Kind ohne Identität

Für das Kind, mit dem Agnes schwanger ist, fehlt dem Erzähler eine Vorlage. Der Versuch, ein „Gesicht zu zeichnen" (107) scheitert. Doch auch das Bemühen um eine literarische Beschreibung fällt dem Erzähler schwer (109). So bleibt es ohne Gesicht und wird später „mit einem Tastendruck gelöscht" (Möckel, S. 70).

Punkte und Sterne

Punkte und Sterne setzt Peter Stamm in flüchtigen Momenten des Glücks ein. Einen ersten Hinweis auf dieses Leitmotiv findet man bei Agnes' Beschreibung ihrer Arbeit. Sie untersucht Röntgenbilder von Kristallgittern, die bei näherer Betrachtung „winzige Punkte in regelmäßigen Abständen" (44) enthalten. Der Erzähler konstatiert, dass er Agnes „noch nie mit so viel Begeisterung reden gehört" (45) habe. In der Tat gehören diese Ausführungen zu den wenigen Textpassagen, in denen sie glücklich wirkt.

Punkte als flüchtige Momente des Glücks

Punkte auf Kristallgittern

Wie schnell sich Glücksmomente verflüchtigen können, zeigt auch ihr gemeinsamer Museumsbesuch auf der Suche nach glücklichen Menschen. Aufgrund seiner einzigartigen Komposition, bei der die Farben nicht gemischt, sondern nebeneinander gesetzt sind, zerfällt Seurats Gemälde *Un Dimanche d'été à l'Ile de la Grande Jatte* „in ein Meer von kleinen Punkten" (69), wenn man nähertritt.

Seurats Gemälde

Auch Himmelssterne drücken als Punkte in der Dunkelheit diesen Zusammenhang aus. Schon der Bildschirmschoner mit dem bezeichnenden Titel *Starfield Simulation* (150) löst beim Erzähler Zufriedenheit aus. Hinter dem virtuellen Weltall verbirgt sich freilich die Realität, die Entfremdung zwischen Agnes und ihm, die im fiktionalen Selbstmord gipfelt.

Sterne

Die gemeinsame Betrachtung der realen Sterne am Weihnachtsabend stellt einen kurzen Augenblick der Nähe dar, bevor sich die übliche Kälte wieder zwischen beide schiebt.

> Diesmal sahen wir die Sterne, sehr viele Sterne, man hatte den Eindruck, der ganze Himmel bestehe nur aus Sternen. Ich erkannte die Milchstraße, und Agnes zeigte mir den Schwan und den Adler. [...] Sie lehnte sich an mich, und ich küßte sie aufs Haar. (126 f.)

Das Motiv wird variiert durch den Besuch des „Adler Planetarium[s]" (135). Leicht zu übersehen ist die metaphorische Bedeutung der Sternbilder. Der Schwan steht als Tiersymbol für die Reinheit, das Licht, aber auch den

Symbolische Bedeutung der Sternbilder des Schwans und des Adlers

Tod, während der Adler für Herrschaft und Machtanspruch steht. Es ist demnach ein Sinnbild für das Verhältnis des Erzählers und Agnes.

Die fiktive Geschichte greift diese Symbolik erneut auf. Agnes erkennt am Ende die beiden Sternzeichen (151), d.h. sie erkennt sich und den Herrschaftsanspruch des Erzählers und löst sich davon.

Sprache und Stil

> → Der namenlose Ich-Erzähler wählt in seiner Rückblende
> bewusst Ereignisse aus und lässt andere weg. Seine
> Erinnerung ist fehlerhaft.
> → Gegenüber Agnes und Louise unterschlägt er Informatio-
> nen, so dass dies auch gegenüber dem Leser zu erwarten
> ist.
> → Als professioneller Autor beherrscht er die Möglichkeiten
> der Manipulation beim Schreiben.
> → Die Reduziertheit der emotionslosen, schnörkellosen
> Sprache korrespondiert mit der inhaltlichen Beziehungs-
> kälte.
> → Die Dialoge sind durch Kommunikationslosigkeit geprägt.
> Das Schweigen bzw. Verstummen ist als Vorzeichen des
> Todes zu verstehen.

*Ein unzuverläs-
siger Erzähler
mit kühler,
reduzierter
Sprache*

Unzuverlässigkeit des Erzählers

Grundsätzlich ist zu betonen, dass der Leser alles aus der
Perspektive des Ich-Erzählers erfährt und dessen Ausführungen Glauben schenken muss. Dabei muss man
sich bewusst machen, dass der Erzähler natürlich nicht
jede Einzelheit der vergangenen neun Monate in seiner
Rückblende darstellen kann. Er wählt daher Ereignisse
und Deutungen aus, die er für wichtig hält bzw. die er
dem Leser mitteilen möchte. Im Kapitel 11 wird dies explizit angesprochen.

Reflexion in
Kapitel 11

> Manches, was ich ausführlich beschrieb, empfand sie [Agnes]
> als belanglos. Anderes, was ihr wichtig war, kam in der
> Geschichte gar nicht vor oder nur kurz, wie die tote Frau, die
> wir an jenem Abend vor dem Restaurant gefunden hatten.
> Ich erwähnte den Vorfall, schrieb aber nichts weiter darüber,
> nicht, daß wir später deren Geschichte erfahren hatten und
> sogar an ihrer Beerdigung gewesen waren. Agnes hatte
> großen Anteil an ihr genommen und den Angehörigen der
> Toten mehrmals geschrieben.
> Herbert erwähnte ich nicht in der Geschichte, und Agnes
> meinte, ich sei eifersüchtig, und schien sich darüber zu freu-
> en. (56 f.)

Beleg für Auswahl
von Ereignissen

UNZUVERLÄSSIGKEIT DES ERZÄHLERS

Auslassung aus Eifersucht

Die Bemerkung zu Herbert zeigt, dass das Auslassen oder Verschweigen mit einer bestimmten Zielsetzung verbunden sein kann. Dies gilt auch für die Deutungshoheit über die Vergangenheit.

Erzähler setzt seine erinnerten Varianten durch

> Ich war erstaunt, wie vieles Agnes und ich anders erlebt oder anders in Erinnerung hatten. Oft konnten wir uns nicht darauf einigen, wie etwas genau gewesen war, und auch wenn ich mich mit meiner Version meistens durchsetzte, war ich mir nicht immer sicher, ob Agnes nicht vielleicht doch recht hatte. (56)

Kontrolle und Herrschaftsanspruch

Der Ich-Erzähler versucht die Kontrolle über die Geschichte zu behalten. Sein Pochen auf seine Erinnerungsvariante zeugt darüber hinaus auf seinen Herrschaftsanspruch innerhalb ihrer Beziehung.

Sprachliche Formeln der Unsicherheit

In seiner Erinnerung ist er jedoch äußerst unzuverlässig. Schon sprachlich macht er seine Unsicherheit dadurch deutlich, dass er häufig Formulierungen wie „schien", „bildete mir ein", „es war, als", „man hatte den Eindruck" etc. verwendet. Dass seine Erinnerung auch gänzlich falsch sein kann, lässt sich an mehreren Stellen belegen,

Zweifel an Glaubwürdigkeit des Erzählers

Dies begründet grundsätzliche Zweifel an seiner Glaubwürdigkeit. In seiner fiktiven Geschichte erwähnt er zu Beginn, dass er Agnes auf der Treppe der Bibliothek gleich am ersten Tag zu einem Kaffee eingeladen habe (54). Im Kapitel 2 hingegen schildert er, wie sich Agnes mit einem Kaffee zu ihm setzt. Ebenfalls widersprüchlich ist die Aussage der fiktiven Geschichte, dass sie über Liebe und Tod sprachen, bevor sie ihre Namen kannten (54). In der niedergeschriebenen Erinnerung ist dies genau anderes herum dargestellt. Im Kapitel 11 gibt er ferner Agnes Recht, die behauptet, ihr erstes gemeinsames Abendessen sei in einem chinesischen Restaurant gewesen (56), während er an anderer Stelle dem Leser glaubhaft macht, dass es ein indisches Lokal (22) gewesen ist.

Erinnerung an Agnes' fiktionalen Text fragwürdig

Die Glaubwürdigkeit des Erzählers wird auch dadurch erschüttert, dass er den fiktionalen Text von Agnes wortwörtlich wiederzugeben scheint, obwohl sie den Text nach seiner vernichtenden Kritik gelöscht hat. Es ist aber unwahrscheinlich, dass er sich Monate später noch so genau daran erinnern kann, zumal er behauptet, „den Text schnell und oberflächlich gelesen" (42) zu haben.

Nicht zuletzt erhält sein Bild als vertrauenswürdiger Erzähler Risse, wenn er dem Leser nicht einmal vorenthält, dass er Agnes und Louise anlügt. Gegenüber Agnes verschweigt er den zweiten Schluss der Geschichte, den er während ihrer Krankheit schreibt. Auch gegenüber Louise ist er zurückhaltend mit seinen Informationen und verschweigt sie aus Eigennutz.

Verschweigen

> Ich erzählte Louise von Agnes und daß sie mich verlassen habe. Von dem Kind sagte ich nichts. (97)

Damit unterschlägt er freilich den Grund für die Trennung bzw. seine Fixierung auf die Geschichte. Am Ende des Romans schläft er mit der Franko-Amerikanerin, ohne ihr zu sagen, dass Agnes zurückgekehrt ist. Erst im Nachhinein beichtet er dies, als er merkt, dass Louise eine engere Verbindung wünscht. Nicht zuletzt die Tatsache, dass er ein professioneller Sachbuchschreiber ist, dürfte in diesem Zusammenhang von Bedeutung sein. Auch wenn er nur geringe schriftstellerische Erfahrung zu haben vorgibt, muss man davon ausgehen, dass er sich der Macht der Sprache und ihrer Manipulationsmöglichkeiten bewusst ist. All diese Widersprüche setzt Peter Stamm bewusst ein, um das Vertrauen in den Wahrheitsgehalt des Geschriebenen zu zerstören.

Unterschlagung aus Eigennutz

Professioneller Manipulator von Sprache

Lakonischer Sprachstil

Übereinstimmend charakterisieren Literaturkritiker und die junge germanistische Forschung Peter Stamms Stil als lakonisch, d.h. als verknappt und nüchtern, aber durchaus zutreffend. Epische Breite durch detaillierte Beschreibungen ist dem Autor fremd. Ebenso verzichtet er auf blumige Ausdrücke und setzt Adjektive und Adverbien nur sparsam ein. Er erzählt bevorzugt in knappen, teilweise extrem kurzen Hauptsätzen. Es gibt kaum syntaktische Gefüge. Meist stehen die Sätze unverbunden durch Konjunktionen nebeneinander.

Nüchterne Schilderung ohne Ausschmückungen

Syntax geprägt durch knappe, kurze Hauptsätze

> „Stamm ist ein Meister des Weglassens. Seine Sätze scheinen auf den ersten Blick einfach und klar, fast schon zu karg, zu simpel. Aber gerade um sie herum entwickelt sich eine Assoziationskraft, die die einnehmende und kühle Atmosphäre entstehen lässt." (Luterbach, S. 8)

Symbolische Bedeutung hinter karger Wortfassade

Die nüchterne Wortwahl evoziert eine mehrdeutige Lesart. Unter der Oberfläche steht mehr als das, was jedes einzelne Wort bedeutet. Wie die Leitmotive der Kälte und des Todes zeigen, entfalten sie einen symbolischen Raum, der stets mitgedacht werden muss. Auch sonst verlangt der auf Ausschmückungen verzichtende Stil dem Leser etwas ab. Peter Stamm beschreibt dies so:

Bedeutungsherstellung als Aufgabe des Lesers

> Ich schreibe nicht: „Er nimmt das Telefon ab", sondern ich schreibe: „Das Klingeln hört auf." Und dann muss der Leser sich die Arbeit selber machen: Entweder ist das Telefon abgenommen worden oder es hat zu klingeln aufgehört.
> (Stamm, *Vom Glück des Butterbrotstreichens*, Interview Teil 2, http://www.buechergilde.de/archiv/exklusivinterviews (20. 5. 2011))

Unterkühlte Sprache entspricht inhaltlicher Beziehungskälte

Die Reduktion der Worte hinterlässt einen unterkühlten Eindruck. Gerade dies korrespondiert aber mit dem Inhalt des Romans. Die emotionslose Sprache schafft die Atmosphäre für die Beziehungskälte zwischen Agnes und dem Erzähler.

> Alles ging sehr schnell. Wir küßten uns im Flur, dann im Wohnzimmer. Agnes sagte, sie habe noch nie mit einem Mann geschlafen, aber als wir ins Schlafzimmer gingen, war sie sehr ruhig, zog sich aus und [...] beobachtete mich mit ernstem Interesse. Sie war erstaunt, wie bleich ich war. (26)

Ein leidenschaftliches erstes Mal hört sich anders an. Überhaupt finden sich Gefühlsäußerungen selten. Der Erzähler ist nicht dazu fähig.

Beobachtungen zur Dialogstruktur

Der Anteil der dialogischen Passagen im Roman ist hoch. Da der Leser alles aus der vermittelten Perspektive des unzuverlässigen Erzählers erfährt, vermitteln die direkten Äußerungen dem Erzählten scheinbare Authentizität. Dies gilt insbesondere für die Figur Agnes.

Dialogpartner gehen häufig nicht aufeinander ein

Die Dialoge zwischen den beiden Protagonisten spiegeln ihre innere Distanz zueinander. Sie sind das Resultat einer Selbstbezogenheit, die es nicht zulässt, auf den anderen zu reagieren. So haben die Gespräche etwas „Autistisches" (Schmid, S. 185).

> „Ich mag Fahrstühle nicht", sagte Agnes, „man verliert den
> Boden unter den Füßen."
> „Ich finde sie äußerst praktisch", sagte ich und ging weiter,
> „stell dir vor ..."
> „Ich möchte nicht so weit oben wohnen", sagte Agnes und
> folgte mir, „es ist nicht gut." (49)

Typisch für Stamms Roman sind auch die nicht zu Ende gesprochenen Sätze, die ins Leere laufen.

Ohne Zweifel sind die Dialoge konstruiert, denn der Autor verwendet denselben Stil wie in den narrativen Passagen. Meist sind es kurze Aussage- oder Fragesätze. Auffällig ist darüber hinaus die ständige Identifizierung des Sprechenden, obwohl dies bei zwei Dialogpartnern eigentlich unnötig wäre.

Lakonische Dialoge im Stil der narrativen Passagen

> „Doch", sagte ich, „mit dem Bild, das ich mir von ihnen
> gemacht hatte. Vielleicht zu sehr. Meine damalige Freundin
> trennte sich von mir, weil sie sich in einer der Geschichten
> wiedererkannt hatte."
> „Wirklich?", fragte Agnes.
> „Nein", sagte ich, „wir haben uns auf diese Version geeinigt."
> Agnes dachte nach.
> „Schreib eine Geschichte über mich", sagte sie dann, „damit
> ich weiß, was du von mir hältst."
> „Ich weiß nie, was dabei herauskommt", sagte ich, „ich habe
> keine Kontrolle darüber. Vielleicht wären wir beide ent-
> täuscht."
> „Mein Risiko", sagte Agnes, „ du mußt nur schreiben." (50)

Die konsequente Verwendung von „sagte ich" bzw. „sagte Agnes" – eigentlich eine eklatante Verletzung des stilistischen Varianzgebotes – hat Methode. Die Monotonie des Ausdrucks gehört zur Lakonie des Erzählstils.

Stilistische Monotonie „sagte ich"/ „sagte Agnes"

Schweigen – Ausdruck gestörter Kommunikation

Häufig geraten der Erzähler und Agnes in ihren Gesprächen ins Stocken. Nicht selten steht am Ende das Schweigen. Das Versagen der Sprache geht dem Tod voraus. Es ist motivisch damit verbunden. Am deutlichsten wird dies schon ziemlich zu Beginn, als die beiden über die tote Frau vor dem Restaurant sprechen.

Schweigen geht dem Tod voraus

SCHWEIGEN – AUSDRUCK GESTÖRTER KOMMUNIKATION

> Wir hatten einen Augenblick lang schweigend dagesessen, als sie plötzlich sagte: „Ich habe Angst vor dem Tod."
> […]
> „Du weißt ja nicht, wann es zu Ende ist", sagte ich […]
> „Offenbar hast du nicht sehr lang darüber nachgedacht", sagte Agnes kühl.
> „Nein", gab ich zu, „es gibt Themen, die mich mehr interessieren."
> „Was ist, wenn man vorher stirbt? Bevor man müde ist", sagte sie, „wenn man nicht zur Ruhe kommt?"
> „Ich bin noch lange nicht bereit", sagte ich.
> Wir schwiegen. (23 f.)

Versagen der Sprache deutet auf emotionale Distanz

Das Schweigen deutet in der Regel auf die fehlende Schnittmenge hin, auf die unüberbrückbare Distanz, die zwischen ihnen herrscht.

> „Ich hatte ein seltsames Gefühl", sagte ich, „daß ich dir ganz nahe sei."
> „Und bist du es noch?" fragte sie.
> Ich antwortete nicht, und auch Agnes sagte nichts mehr und hielt mich nur fest, als fürchte sie, ich entferne mich wieder von ihr. Später sagte ich zu ihr, daß ich sie liebe, aber es genügte nicht, und weil ich nicht wußte, wie sonst ich das Gefühl beschreiben sollte, schwieg ich wieder, und wir sprachen den ganzen Abend kaum. (59 f.)

Zunehmende Störung der Kommunikation bis zum völligen Verstummen

Je länger die Beziehung andauert, umso gestörter ist die Kommunikation (88–91, 125, 128–129, 138–141). Wie die Kälte, so schleicht sich auch das Schweigen immer deutlicher zwischen die beiden. Eifersüchteleien, Ungeduld und Egoismus entziehen dem Verhältnis seine Vitalität. Am Ende steht Agnes' Resignation: „Ich mag nicht streiten", sagte Agnes, ich bin müde und krank" (141).

Agnes als postmoderner Roman

> → Im Gegensatz zur Nachkriegsgeneration, die die Schweizer Vergangenheit aufzuarbeiten versuchte, ist die schweizerische Gegenwartsliteratur weitgehend unpolitisch.
> → Charakteristikum der postmodernen Literatur ist die Intertextualität, der explizite Verweis auf vorangegangene literarische Texte oder künstlerische Werke. Die Nennung bekannter Titel eröffnet neue Verstehenshorizonte für den Gesamttext.
> → Für postmoderne Autoren ist die Wirklichkeit nicht mehr abbildbar. Daraus resultiert ein Spiel mit Fiktion und Realität.

Agnes – Ein Roman am Puls der Zeit

Tendenzen der schweizerischen Gegenwartsliteratur

Max Frisch, Friedrich Dürrenmatt, die Überväter der schweizerischen Literatur, und andere Autoren ihrer Generation sahen es in der Nachkriegszeit als ihre Aufgabe an, ihren Landsleuten einen Spiegel vorzuhalten. Ihre Kritik an Politik und Gesellschaft war Schreibanlass und Gegenstand ihrer Werke. Es galt, die Vergangenheit während des Nationalsozialismus aufzuarbeiten. Die Schweiz war in jenen Jahren in einer stets gefährdeten Neutralität verharrt, hatte sich aber unter dem Druck des übermächtigen Nachbarlandes den Flüchtlingen aus Deutschland verschlossen. Die Formel ‚Das Boot ist voll' wurde zum Inbegriff einer kaltherzigen Politik gegenüber Juden und politisch Verfolgten. Die Autoren schrieben dagegen an, um zu verhindern, dass dies in den 1950er-Jahren in Vergessenheit geriet.

Politisch engagierte Nachkriegsliteratur

Darüber hinaus empfanden sie die Schweiz als erzkonservativ und spießig. Nicht nur geografisch sahen sie das kleine Land als beengt an, auch in den Köpfen der Menschen schien ihrer Ansicht nach wenig Platz für neue Gedanken. Sie stellten die Schweiz als Heimat in Frage und rüttelten an der nationalen Identität des Landes.

Kritik an Schweizer Heimat

INTERTEXTUALITÄT

Die nach 1960 geborene Generation ist ganz anders sozialisiert und mit anderen zeitgenössischen Erfahrungen konfrontiert, die sie in ihren Texten verarbeitet. Wie Pia Reinacher feststellt, ist das

Rückzug ins Private in der Gegenwartsliteratur

„Thema dieser jüngeren Schweizer Autorinnen und Autoren […] nicht mehr die Schweiz. Ihre Träume verheddern sich nicht mehr in der guten oder bösen Heimat. Das literarische Herz dieser nachrückenden Generation schlägt weder für noch gegen das Vaterland, sondern vielmehr für die eigene Biographie, für Liebe, Sex und Partnerstress. Zoe Jenny, Peter Weber, Ruth Schweikert, Perikles Monioudis, Aglaja Veteranyi, Peter Stamm, Raphael Urweider und Silvio Huonder wenden sich in ihren Büchern gelassen von den Vätern ab und gehen eigene Wege." (Reinacher, S. 9)

Die genannten Autoren verwenden die Schweiz bestenfalls als Kulisse, als Hintergrund für ihre Probleme der Ich-Findung oder der Beziehungskrisen.

Stamms politisches Engagement als Bürger und Journalist

Peter Stamm selbst hat sich wiederholt von politisch engagierter Literatur distanziert. Er unterscheidet strikt zwischen seiner Tätigkeit als Bürger bzw. Journalist – er ist bekennendes Mitglied der Grünen – und seiner Arbeit als Schriftsteller. In seinen fiktionalen Texten hingegen ist auch bei ihm der beschriebene Rückzug ins Private zu beobachten.

Intertextualität

Peter Stamm ist jedoch nicht nur hinsichtlich der Themen am Puls der Zeit, sondern auch in Bezug auf die Schreibweise. Er greift die internationalen Tendenzen von Literatur um die Jahrtausendwende auf, für die die Literaturwissenschaft den Begriff Postmoderne geprägt hat. Die Definitionen für den Begriff gehen weit auseinander. Konsens ist jedoch ein Merkmalskatalog, in dessen Mitte das Spiel mit der Wirklichkeit und die Intertextualität stehen.

Merkmale der postmodernen Literatur

Unter Intertextualität versteht man den expliziten Verweis auf andere literarische Texte bzw. künstlerische Werke. Dahinter stehen verschiedene literaturtheoretische Überlegungen. Zum einen wird der modernen sprachwissenschaftlichen Annahme Rechnung getra-

INTERTEXTUALITÄT

gen, dass ein Wort nicht primär einen Gegenstand bezeichnet, sondern auf eine Kette von ähnlichen bekannten Phänomenen verweist. Das bedeutet, wir können ein Buch als solches benennen, weil wir schon unzählige andere zusammengeleimte Papierhaufen als Bücher identifiziert und bezeichnet haben. Zum anderen sind sich postmoderne Autoren der Tatsache bewusst, dass Sprache historisch determiniert ist und dass Bedeutungen aus der Vergangenheit stets mitschwingen. Man kann heute beispielsweise zu einem Reiseleiter nicht mehr „Führer" sagen, weil dieser Begriff durch den Nationalsozialismus belegt ist. Diese Zusammenhänge gelten nicht nur für einzelne Worte, sondern auch für ganze Texte. Autoren versuchen

Worte verweisen auf ähnliche, bekannte Phänomene

Frühere Bedeutungen von Worten schwingen immer mit

> „durch die intertextuellen Verweise ihre eigenen Werke um neue Dimensionen [zu] erweitern, indem mit dem Herbeizitierten auch dessen Aussage und Interpretationen mitzitiert und als eine zusätzliche sinnstiftende Folie dem eigenen Text unterlegt werden. So lässt das Zitat in den Texten eine äußerst verdichtete Komplexität entstehen und erlaubt, eine andere, viel kompliziertere Wahrheit auszusprechen, als dies ein eindimensionales Erzählen ermöglichen würde." (Sosnicka, S. 148)

Zitierte Werke als sinnstiftende Folie unterlegt

Damit verbunden ist auch der Anspruch, Literatur zu demokratisieren, was verschiedene literaturkritische Strömungen seit den 1960er-Jahren gefordert haben. Demokratisierung bedeutet in diesem Zusammenhang, den Leser in den Produktionsprozess mit einzubeziehen, ihn zur Mitarbeit am Text zu bewegen und ihn zum Mitautor zu erheben. Der Leser ist aufgefordert, die sinnstiftenden Kontexte selbst zu erstellen, die durch die zitierten Werke hervorgerufen werden.

Leser muss Kontexte selbst erstellen

Peter Stamms Debütroman *Agnes* ist ein Paradebeispiel für die Umsetzung dieser theoretischen Überlegungen der postmodernen Literatur. Unzählige Anspielungen auf literarische Texte und Bilder berühmter Künstler fordern den Leser zu zusätzlichen Verstehenshorizonten heraus. Es sei hier an die Titel der zitierten Texte erinnert, die den Gedanken des Mordes enthalten (*Murder with Mirrors*, *Murder in the Orient Express*). Auch Kokoschkas Bild *Mörder, Hoffnung der Frauen* steht in diesem

Agnes als Paradebeispiel für Intertextualität

Zitierte Werke suggerieren Mord an Agnes

99

DEKONSTRUKTION VON WIRKLICHKEIT

Zusammenhang. Durch diese keineswegs zufällige Auswahl wird Agnes' vermeintlicher Selbstmord in ein anderes Licht gerückt.

Seurats Gemälde

Eine herausgehobene Bedeutung besitzt Seurats Gemälde *Un Dimanche d'été à l'Île de la Grande Jatte*. Die besondere Technik des Malers, Farbpunkte unvermischt dicht nebeneinander zu setzen, die sich erst im Auge des distanzierten Betrachters mischen, variiert zunächst das Motiv des brüchigen Glücks. Darüber hinaus trägt es zur Selbstcharakterisierung der beiden Protagonisten bei. Agnes identifiziert sich als das kleine „Mädchen im weißen Kleid" (69), das von einer erwachsenen Frau an der Hand geführt wird. Die Farbe des Kleides assoziiert Unschuld und Reinheit, was mit ihrem Namen korrespondiert. Ihr Spazieren an der Hand weist sie als lenkbare Figur aus. Dies entspricht ihrer widerstandslosen Erfüllung der Anweisungen des Erzählers, was sie zu tun hat. Der Erzähler selbst sieht sich als „der Mann mit der Trompete" (69). Im Bild spielt der Mann nur für sich, niemand hört ihm zu, wie auch der Erzähler erkennt. Der abgebildete Musiker ist in der Tat wie der isolierte, selbstbezogene Schriftsteller, dessen Kurzgeschichten niemand lesen will.

Identifikation der Figuren

Dekonstruktion von Wirklichkeit

Neben der Intertextualität gehört die Dekonstruktion der Wirklichkeit zu den gängigen Elementen postmoderner Literatur. Im Gegensatz zu den Romanciers des 19. Jahrhunderts gehen Autoren heute davon aus, dass die Wirklichkeit in der Literatur nicht angemessen beschrieben werden kann. Jede Darstellung ist notgedrungen unvollständig, eine subjektive Auswahl an Beobachtungen, die niemals eine allgemeingültige Wahrheit beanspruchen kann. Aus dieser Not versuchen die Schriftsteller eine Tugend zu machen, indem sie die dargestellte Wirklichkeit als Konstrukt entlarven.

Literatur kann Wirklichkeit nicht angemessen abbilden

Entlarvung der Wirklichkeit als Konstrukt

Eine der häufig genutzten Möglichkeiten, um die Fiktionalität des Geschriebenen zu betonen, ist die Hervorhebung des Schreib- bzw. Erzählaktes. Peter Stamm greift

DEKONSTRUKTION VON WIRKLICHKEIT

in außergewöhnlicher Weise auf diese Technik zurück, indem er die Schreibinstanz verdoppelt. Der Erzähler des *Agnes*-Romans ist nicht nur selbst Sachbuchautor, sondern auch Autor der gleichnamigen fiktiven Geschichte.

Verdopplung der Schreibinstanz

Die Dekonstruktion von Wirklichkeit führt in der Postmoderne zu einem virtuosen Wechselspiel von Realität und Fiktion. Wie bei *Agnes* verschwimmen in vielen Romanen die Grenzen zwischen Wirklichkeit und Fantasie bis zur Austauschbarkeit. Die technischen Entwicklungen im Computerzeitalter, in dem die Wirklichkeit simuliert oder sogar manipuliert werden kann, haben den Autoren neue Referenzmöglichkeiten gegeben.

Mit Vorliebe statten die Autoren der Moderne und Postmoderne ihre Erzählfiguren lediglich mit einer unvollständigen Identität aus. Namenlos, ohne Vorgeschichte, ohne Verwandte und manchmal sogar ohne greifbare Eigenschaften sperren sie sich gegen ein Mitfühlen, gegen eine Identifikation durch den Leser. Sie sind als Kunstfiguren konzipiert und sollen auch so verstanden werden.

Namenlose, identitätslose Erzähler

Nicht zuletzt steht die Unzuverlässigkeit des modernen Ich-Erzählers in diesem Zusammenhang. Dem Erzähler, der aus Eigeninteresse Episoden auswählt bzw. unterschlägt, der andere Figuren belügt oder auch den Leser zu hintergehen versucht, kann man nicht vertrauen. Ob die erzählte Wirklichkeit real ist, wird grundsätzlich fragwürdig.

Unzuverlässigem Erzähler kann nicht vertraut werden

All diese Elemente des postmodernen Romans lassen sich im Detail in Peter Stamms Roman, der 1998 veröffentlicht wurde, nachweisen. *Agnes* ist damit eindeutig ein repräsentativer Text seiner Zeit.

Rezeption

Ein fulminantes Erzähldebüt

➡ Die Kritik lobt vor allem die spannende Balance zwischen Fiktion und Wirklichkeit.

➡ Äußerst positiv wird die passende, unterkühlte Sprache bewertet.

➡ Die geplante Umsetzung des Romans in einen Film ist trotz umfangreicher Vorarbeiten noch nicht realisiert.

Lange Entstehungsgeschichte

Die Idee für seinen Roman hatte der 1963 geborene Peter Stamm mit „ungefähr 20 Jahren" (Stamm, zit. nach Kasaty, S. 414). Eine erste Fassung fand jedoch keinen Verleger. Erst 1998, d.h. 15 Jahre nach dem Ersteinfall, wurde der überarbeitete Text veröffentlicht und machte den Schweizer Nachwuchsautor als Schriftsteller beinahe über Nacht einem breiten deutschsprachigen Publikum bekannt. Seitdem haben sich Rezensenten und Literaturwissenschaftler in ihrem Urteil regelrecht überschlagen vor Lob und Begeisterung. Reinacher bezeichnet den Roman als einen „Höhepunkt in der Schweizer Literatur der neunziger Jahre" (Reinacher, S. 176). Jambor hält es sogar „für eines der Schlüsselwerke der deutschsprachigen Schweizer Literatur der 90er Jahre" (Titel). Hamm sieht die Schweizer Literatur mit *Agnes* „im Weltmaßstab wettbewerbsfähig" („Focus", 47/1998).

Bewertungen der Superlative

Lob für Verwobenheit von Fiktion und Wirklichkeit

Besonders gelobt wird dabei vor allem der raffinierte Abgleich von Fiktion und Wirklichkeit. Die Verwobenheit der rückblickenden Erzählung und der fiktiven Binnengeschichte steht für die Literaturkritik in einer perfekten Balance. Damit einhergehend ist das Lob für die strenge Architektur und die durchdachte Komposition. Neben der inhaltlichen Seite ist aber auch die sprachliche Leistung Stamms stark beachtet worden. Einhellig betonen die Kritiker, wie harmonisch Inhalt und Sprache zusammenpassen, um den Eindruck der Unterkühltheit hervorzurufen.

> Beeindruckend in seiner ebenso klaren wie knappen
> Prägnanz ist Peter Stamms Sprachstil. Sachlich, präzise,
> unprätentiös und anscheinend emotionslos, aber keines-
> wegs steril, und dabei fast schwerelos leicht werden selbst
> dramatische Sachverhalte und tiefe Existenzkrisen dar-
> gestellt. Jedes Wort sitzt, keines ist überflüssig. Im Kopf
> entstehen durchaus Bilder, viele Bilder von großer Klarheit,
> aber eher Schwarz-weiß-Fotos als farbig fulminante, üppig
> dekorierte Filmsequenzen."
> (www.christa-tamara-kaul.de/buch-stamm-peter-agnes.htm
> (30.1.2011)).

Lob für sprachliche Prägnanz und Nüchternheit

Hamm behauptet gar in seiner Rezension, dass man gar
nicht glauben möge, dass es sich um einen Debütroman
handelt.

> „Da gibt es kein schiefes Bild, keinen falschen Vergleich, kein
> Adjektiv als bloß schmückendes Attribut, kein Wort zu viel
> oder zu wenig. Peter Stamms Prosa ist bei aller vorsätzlichen
> Schmucklosigkeit vollkommen geschmeidig – also vollkom-
> men." („Focus" 47/ 1998))

Angesichts des großen literarischen Erfolgs ist schon
recht bald die Idee der filmischen Umsetzung des Stoffes
entstanden, was aber immer noch nicht realisiert worden ist. Peter Stamm verfolgte zunächst die Konzeption,
ein Filmscript in Diskussionsforen mit Filmstudenten,
Drehbuchautoren und gewöhnlichen Internetnutzern
gemeinsam zu entwickeln. Als sich dies nicht verwirkli-
chen ließ, arbeitete er intensiv an verschiedenen Fassun-
gen für ein Drehbuch. Schmid hat in ihrer Dissertation
auf die vielen Schwierigkeiten hingewiesen, den literarischen Text für einen Film zu adaptieren. So musste beispielsweise die mittelbare Perspektive des Ich-Erzählers
aufgehoben werden. Die unsichere Identität der Protagonisten musste im Medium Film aufgeklärt werden.
Der namenlose Erzähler erhielt deshalb den Namen
„Walter" – wohl eine Reminiszenz an Max Frischs Protagonisten Walter Faber (*Homo faber*), an den Stamms Er-
zählfigur in vielerlei Hinsicht erinnert.

Filmische Umsetzung in Planung

Namenloser Erzähler wird zu „Walter"

PRIMÄRTEXTE

Literaturverzeichnis

Primärtexte

Stamm, Peter: Agnes. Frankfurt/M.: (3. Auflage) Fischer 2010

Frisch, Max: Gesammelte Werke in zeitlicher Folge. Jubiläumsausgabe in sieben Bänden. Frankfurt/M.: Suhrkamp 1986

Selbstaussagen des Autors

Kasaty, Olga Olivia: Ein Gespräch mit Peter Stamm, in: Dies., Entgrenzungen. Vierzehn Autorengespräche über Leben, Liebe und Literatur. München: edition text + kritik 2007, S. 395- 430

Stamm, Peter: Vom Glück des Butterbrotstreichens, Interview Teil 2. http:// www.buechergilde.de/archiv/exklusivinterviews (20.5.2011)

Rezensionen

Kaul, Christa Tamara: Kühle Dramatik, luzide Sprache. Tomogramm einer gescheiterten Liebe. http:// www.christa-tamara-kaul.de/buch-stamm-peter-agnes.htm (30.1.2011)

Hamm, Peter: Der Tod der erzählten Frau. In: „Focus" 47 (1998)

Sekundärliteratur

Aeschbacher, Marc: Tendenzen der schweizerischen Gegenwartsliteratur (1964-1994): Exemplarische Untersuchung zur Frage nach dem Tode der Literatur. Bern, Berlin: Lang 1997 (Europäische Hochschulschriften, Reihe 1, Deutsche Sprache und Literatur, Bd. 1604)

Budde, Rainer [Hrsg.]: Pointillismus: Auf den Spuren von Georges Seurat: [anlässlich der gleichnamigen Ausstellung im Wallraf-Richartz-Museum]. Köln, 6. September bis 30. November 1997. München, New York: Prestel 1997

SEKUNDÄRLITERATUR

Dreier, Ricarda: Literatur der 90er-Jahre in der Sekundarstufe II. Judith Hermann, Benjamin von Stuckrad-Barre und Peter Stamm. Baltmannsweiler: Schneider Verlag Hohengehren 2005 (Deutschdidaktik aktuell 19)

Grabes, Herbert: Einführung in die Literatur und Kunst der Moderne und Postmoderne. Die Ästhetik des Fremden. Tübingen, Basel: A. Franke 2004

Heffernan, Valerie: Unschweizerische Schweizerliteratur? Ruth Schweikert, Peter Stamm, Zoe Jenny, in: Dies.,/ Jürgen Barkhoff (Hrsg.): Schweiz schreiben. Zur Konstruktion und Dekonstruktion des Mythos Schweiz in der Gegenwartsliteratur. Berlin, New York: de Gruyter 2010, S. 283–296

Jambor, Jan: Zum Bild der Familie in Peter Stamms Erzählprosa, in: Beatrice Sandberg (Hrsg.): Familienbilder als Zeitbilder. Erzählte Zeitgeschichte(n) bei Schweizer Autoren vom 18. Jahrhundert bis zur Gegenwart. Berlin: Frank & Timme 2010, S. 265–280

Jambor, Jan: Peter Stamms „Agnes" als eines der Schlüsselwerke der deutschsprachigen Schweizer Literatur der 90er-Jahre. Gründe zum Übersetzen des Romans ins Slowakische, in: Ane Kleine, Christian Irsfeld (Hrsg.) Grenzgängereien. Beiträge der gemeinsamen Vortragsreihen in Trier und Presov 2006/2007. Presov 2008, S. 23–40

Lüthi, Hans Jürg: Max Frisch: „Du sollst dir kein Bildnis machen. Tübingen, Basel: A. Franke 2., durchgesehene und erweiterte Auflage 1997 (UTB, Bd. 1085)

Luterbach, Yvonne: Zu: Peter Stamm „Agnes". E-Book: GRIN 2005

Möckel, Margret: Erläuterungen zu Peter Stamm „Agnes". Hollfeld: Bange 2011

Petersen, Jürgen H.: Max Frisch. Stuttgart, Weimar: Metzler 3. überarbeitete und aktualisierte Auflage 2002 (Sammlung Metzler, Bd. 173)

Reckefuß, Elke: „Agnes" von Peter Stamm. Die (mögliche) Auflösung einer Identität, in: Deutschmagazin 5 (2004), S. 45–50

Reinacher, Pia: Je Suisse. Zur aktuellen Lage der Schweizer Literatur. Zürich: Nagel & Kimche 2003

SEKUNDÄRLITERATUR

Rowinska-Januszewska, Barbara: Liebe, Tod und virtuelle Realität. Zum Roman Agnes von Peter Stamm, in: Dariusz Komorowski [Hrsg.]: Jenseits von Frisch und Dürrenmatt: Studien zur gegenwärtigen Deutschschweizer Literatur. Würzburg: Königshausen & Neumann, 2009, S. 95–108

Rusterholz, Peter; Brinker, Claudia (Hrsg.): Schweizer Literaturgeschichte. Stuttgart, Weimar: Metzler 2007

Sabalius, Romey: Das Bild der USA in der zeitgenössischen Literatur der deutschsprachigen Schweiz, in: Dies., Neue Perspektiven zur deutschsprachigen Literatur der Schweiz. Amsterdam, Atlanta, Rodopi 1997 (Amsterdamer Beiträge zur neueren Germanistik 40 (1997), S. 11–30)

Schömmel, Wolfgang: „Die Frauen lieben die Männer nicht". Aber sie lassen sie Liebesgeschichten schreiben. Peter Stamms Agnes, in: Christian Sollte-Gresser; Wolfgang Emmerich; Hans Wolf Jäger (Hrsg.): Eros und Literatur in Texten von der Antike bis zum Cyberspace. Festschrift für Gert Sautermeister. Bremen: edition lumière, 2005, S. 343–350

Schmid, Birgit: Die literarische Identität des Drehbuchs. Untersucht am Fallbeispiel „Agnes" von Peter Stamm. Bern, Berlin, Lang 2004 (Zürcher Germanistische Studien, Bd. 58)

Sosnicka, Doroto: Den Rhythmus der Zeit einfangen. Erzählexperimente in der Deutschschweizer Gegenwartsliteratur unter besonderer Berücksichtigung der Werke von Otto F. Walter, Gerold Späth und Zsuzsanna Gahse. Würzburg: Königshausen & Neumann 2008.

Vollmer, Hartmut: Die sprachliche Nähe und das ferne Glück. Sehnsuchtsbilder und erzählerische Leerstellen in der Prosa von Judith Hermann und Peter Stamm, in: Literatur für Leser 29 (2006), Heft 1, S. 59–79

Vollmer, Hartmut: „Glück malt man mit Punkten, Unglück mit Strichen": Peter Stamms Roman Agnes in: Monatshefte 100 (2008), S. 266–281

Zeller, Rosmarie: Der neue Roman in der Schweiz. Die Unerzählbarkeit der modernen Welt. Freiburg (Schweiz): Universitätsverlag 1992 (Seges. N.F. Bd. 11)

Prüfungsaufgaben und Lösungen

1. Charakterisierung des Ich-Erzählers

2. Gespräch über den Tod (Kap. 2)

3. Die Räume im Roman

4. *Agnes* und *Homo faber*

5. Das Verhältnis des Ich-Erzählers zu Louise

6. Fiktion und Wirklichkeit

7. Das Ende der fiktiven Geschichte (Kap. 35)

8. Dialog zwischen dem Erzähler und Agnes –
   Eine gestaltende Interpretation

PRÜFUNGSAUFGABEN UND LÖSUNGEN

1. Charakterisierung des Ich-Erzählers

Aufgabenstellung

Beschreiben Sie die Charaktereigenschaften des Erzählers und erörtern Sie deren inhaltliche Konsequenzen.
Berücksichtigen Sie bei Ihrer Darstellung auch erzählerische Aspekte.

Der Fremde

– Der Ich-Erzähler ist als Schweizer ein Fremder in den Vereinigten Staaten. Offenbar lebt er nur vorübergehend in Chicago.
– Während seines einjährigen Aufenthaltes hat er bisher niemanden kennen gelernt.
– Er hat sich mit dem Alleinsein abgefunden, fürchtet jedoch die Leere des Abends (14 f.).
– In seinem Apartment im 27. Stock des anonymen Wolkenkratzers ist er buchstäblich dem Leben der Metropole entrückt.
– Er sucht bevorzugt Orte auf, an denen er nicht gestört wird. Zu seinen Lieblingsplätzen gehören die kühle Dachterrasse des Doral Plaza und das Café in der Nähe der Public Library, in dem er es als angenehm empfindet, von der Bedienung nicht angesprochen zu werden.
– Auch seine langen Spaziergänge kultivieren seine Einsamkeit.
– Die Tätigkeit als Sachbuchautor über amerikanische Luxuseisenbahnwagen bringt ihn anderen Menschen nicht näher.

Der bindungsunfähige Egoist

– Die spärlichen Informationen zu früheren Beziehungen des Erzählers (14 f., 50, 92) lassen sich zu dem Gesamtbild zusammenfügen, dass er große Schwierigkeiten im Umgang mit Frauen hat.
– Die Episode mit der dicken Frau im Zug (34) zeigt auf einer anderen Ebene, dass er Nähe und Berührung nicht aushalten kann.
– Der Erzähler kommt häufig „aus der Kälte" (132) und empfindet die Räume, in denen er Agnes näher kommt, als unangenehm warm.
– Eine Schlüsselstelle ist seine Reaktion auf die Nachricht, dass Agnes schwer erkrankt ist. „Wenn ich jetzt zu Agnes gehe, dachte ich, dann ist es für immer. Es ist schwer zu erklären, obwohl ich sie liebte, mit ihr glücklich gewesen war, hatte ich nur ohne sie das Gefühl, frei zu sein. Und Freiheit war mir immer wichtiger gewesen als Glück. Vielleicht war es das, was meine Freundinnen Egoismus genannt hatten." (110)
– Er lässt sich auf unverbindliche Intimitäten mit Louise ein, weist sie aber in

108

der Silvesternacht zurück, als er merkt, dass sie eine tiefere Beziehung wünscht.

Der kontrollsüchtige Schöpfer

- Der Erzähler macht sich stets ein Bild von seinen Partnerinnen, auf das er fixiert ist (92). Stimmen Wirklichkeit und die ausgemalte Zukunft nicht überein, kommt es zum Bruch.
- Schon am Tag nach ihrem ersten Kennenlernen ist die Beziehung mit Agnes in seinem Kopf „viel weiter gediehen als in Wirklichkeit" (17).
- Stets ist er bemüht, die Entwicklung zu kontrollieren. Deshalb empfindet er es als befreiend, als die fiktive Geschichte in die Zukunft vorstößt und Agnes sein „Geschöpf" (62) wird, das er nach seinen Vorstellungen modellieren kann.
- Als Schriftsteller hat er es jedoch nie geschafft, seine Stoffe zu beherrschen (50).
- Auch das Leben kann er nicht vorausplanen und kontrollieren. In dem Moment, in dem Agnes schwanger wird, sind Fiktion und Realität nicht mehr in Einklang zu bringen.
- Die Konsequenz ist, dass die lebendige Agnes aus seinem Leben verschwinden muss. In der Fiktion entwirft er ihren Selbstmord im Schnee.

Der unzuverlässige Erzähler

- Der Ich-Erzähler bleibt namen- und konturlos. Man kann sich kaum ein Bild von ihm machen.
- Er beschreibt rückblickend die neunmonatige Beziehung mit Agnes. Als Beteiligter ist seine Erinnerung unvollständig, interessegeleitet oder sogar falsch. Es wird deutlich, dass er Episoden bewusst auswählt bzw. weglässt (vgl. Kap. 11).
- Aus Eifersucht verschweigt er Herbert weitgehend.
- Seine fiktive Geschichte gibt nicht nur die ersten Begegnungen mit Agnes verfälschend wieder, sondern auch den Ort ihres ersten Rendezvous.
- Agnes' Geschichte kann er angeblich wörtlich wiedergeben, obwohl er sie nur oberflächlich gelesen hat und sie dann gelöscht wurde.
- All diese Informationen dienen dazu, die Glaubwürdigkeit des Erzählers zu untergraben. Ihm ist nur unter Vorbehalt zu trauen.

PRÜFUNGSAUFGABEN UND LÖSUNGEN

2. Gespräch über den Tod (Kap. 2)

Aufgabenstellung

Klären Sie die Voraussetzungen, unter denen dieses Gespräch stattfindet. Analysieren Sie das Verhältnis der beiden Dialogpartner. Beziehen Sie auch sprachliche und erzählerische Aspekte mit ein.

Voraussetzungen

– Der Erzähler und Agnes kennen sich seit ein paar Wochen. Bisher haben sie sich lediglich meist ohne Verabredung im Lesesaal der Chicago Public Library gesehen.
– Agnes ist dem Ich-Erzähler ein Rätsel. Ihn verstören ihre Ernsthaftigkeit und ihre strengen Ansichten. Ihr Blick fasziniert ihn.
– Der Erzähler hat keine anderen sozialen Kontakte. Er selbst hat es gelernt, Gefühlen des Verliebtseins auszuweichen (14 f.). Dennoch malt er sich aus, wie es mit der Beziehung zu Agnes weitergehen könnte.
– Der Erzähler hat Agnes in das Restaurant eingeladen.
– Vor dem Restaurant entdeckt der Erzähler bei seiner Ankunft eine tote Frau, die nicht älter als Agnes ist. Auch Agnes sieht noch die Tote, bevor sie Essen gehen.

Analyse

– Offenbar beschäftigt beide Dialogpartner noch der Tod der Frau, denn sie sitzen einen Augenblick lang „schweigend" da, bevor Agnes unvermittelt das Gespräch auf den Tod bringt („Ich habe Angst vor dem Tod").
– Verstört fragt der Erzähler, ob sie krank sei. Dies ist ohne Zweifel als eine Vorausdeutung auf Agnes' spätere Krankheit und ihren Tod zu verstehen.
– Agnes verneint die Frage, aber da jeder einmal sterben müsse, beschäftigt sie offenbar die Frage von Leben und Tod.
– Der Erzähler ist erleichtert und weist in dieser Situation wenig Feingefühl auf. Seine abfällige Bemerkung, „Ich dachte schon, du meinst es ernst", zeigt, dass er weder das Thema noch Agnes in ihrem Anliegen ernst nimmt.
– Agnes ist verständlicherweise verärgert über seine Reaktion und bekräftigt ihre Ernsthaftigkeit.
– Der Erzähler versucht sie zu beschwichtigen, indem er behauptet, dass die Frau seiner Meinung nach nicht „gelitten" habe.
– Dieser Punkt ist Agnes offenbar nicht wichtig. Solange man leide, lebe man wenigstens. Sie fürchte sich nicht vor dem Sterben. Sie habe nur Angst vor dem Tod, „einfach, weil dann alles zu Ende ist."

PRÜFUNGSAUFGABEN UND LÖSUNGEN

- Damit scheint auch ihr Gespräch zu einem vorläufigen Ende gekommen zu sein, denn sie haben offenbar keine gemeinsame Basis, über die sie weiter reden könnten.
- Agnes schaut deshalb in dieser Verlegenheitspause quer durch den Raum. Der Erzähler meint, sie hätte jemanden erkannt, doch als er sich umdreht, sieht er bezeichnenderweise nur „leere Tische". Die Leere ist sicherlich symbolisch zu verstehen, steht sie doch für die Leere in ihrer Beziehung.
- Der Erzähler versucht das Gespräch wieder aufzunehmen, indem er weiter den Tod von sich wegschiebt und das Thema banalisiert. Sie könne ja nicht wissen, wann es zu Ende sei.
- Sie antwortet nicht darauf, was zeigt, dass sie mit seiner Position nichts anfangen kann. Das symptomatische Schweigen setzt sich damit fort.
- Als er verharmlosend und das Leid verdrängend nachschiebt, er stelle sich den Tod so vor, dass man sich „irgendwann müde hinlegt und [...] zur Ruhe kommt", reagiert Agnes „kühl". Das Adjektiv signalisiert nicht nur ihr Missfallen über seine Äußerung, sondern steht auch metaphorisch für die Beziehungskälte, die im Roman leitmotivisch eingesetzt wird.
- Offenbar habe der Erzähler – so Agnes entlarvend – noch nicht sehr lange über das Thema nachgedacht. Dieser gibt offen zu, dass es Themen gebe, die ihn mehr interessierten.
- Dass die junge Physikerin nicht lockerlässt, zeigt, wie sehr sie dieses ernste Thema beschäftigt. In diesem Zusammenhang fragt sie ihn, was passiere, wenn man vorher sterbe, bevor man müde sei, bevor man zur Ruhe komme. Die drei hintereinander geschalteten Fragen unterstreichen ihr nicht nachlassendes Drängen, zu einer Antwort zu gelangen.
- Wiederum geht der Erzähler nicht auf Agnes ein. Sein Kommentar, „ich bin noch lange nicht bereit", ist im Grunde keine angemessene Erwiderung auf ihre Frage.
- Abermals ist das Gespräch an einen toten Punkt gelangt, der sich in ihrem erneuten Schweigen („Wir schwiegen") ausdrückt. Das Schweigen ist gleichzeitig Symptom ihrer Beziehungskälte. Nicht zufällig erinnert sich der Erzähler vage an ein Gedicht von „Robert Frost".

Fazit

Schweigen, Leere und Kälte sind drei wichtige Motive, die auf einer metaphorischen Ebene die Beziehung der beiden Protagonisten beschreiben. Der lakonische Sprachstil Peter Stamms mit seinen kurzen, kaum ausgeschmückten Sätzen und der ständigen Wiederholung von „sagte ich"/ „sagte Agnes" unterstützt die unterkühlte Atmosphäre.

PRÜFUNGSAUFGABEN UND LÖSUNGEN

3. Die Räume im Roman

Aufgabenstellung

Beschreiben Sie die wesentlichen Handlungsschauplätze des Romans und stellen Sie dar, welche Aussagekraft sie besitzen.

Überheizte, unpersönliche Innenräume

Chicago Public Library

- Der Lesesaal einer Bibliothek ist gewöhnlicherweise ein Ort, an dem man allein ist, um zu arbeiten. Menschen sitzen sich zufällig gegenüber bzw. am selben Tisch, ohne einander zu kennen. Es ist ein Raum, in dem die Anonymität gewahrt bleibt.
- Hier lernen sich die beiden Protagonisten kennen. Als Agnes bemerkt, dass der Erzähler sie beobachtet bzw. ihre Bücher zu identifizieren versucht, zieht sie den Stapel gegen sich. So erweckt sie den Eindruck, unnahbar zu sein.
- Die Public Library empfindet der Ich-Erzähler als überheizt (14), nachdem sich Agnes zu ihm gesetzt hat. Die unangenehme Wärme korrespondiert mit der zu großen Nähe, die der Erzähler nur schwer aushalten kann. Er setzt sich auf die „breite Freitreppe" (14), auf der die Distanz gewahrt werden kann.

Doral Plaza

- Der vierunddreißigstöckige Wolkenkratzer im Herzen Chicagos ist der architektonische Inbegriff von Anonymität.
- Der Erzähler wohnt im siebenundzwanzigsten Stock. Die Fenster seines Apartments sind aus Isolierglas und lassen sich nicht öffnen – ein deutliches Signal für das Eingeschlossensein und die soziale Isolation des Erzählers.
- Er kennt niemanden im Haus. Selbst der Nachtportier erkennt ihn nicht. Er selbst kann die Nummer seines Apartments nicht benennen (93).
- Wird man gesehen oder erkannt, ist das Erlebnis verstörend und wird als Bedrohung oder Eingriff in die Privatsphäre verstanden. Dies belegt nicht nur die Episode mit den Fensterputzern (118), sondern auch die Begegnungen mit dem schmierigen Ladenbesitzer unten im Haus.
- Der Erzähler hat nur wenige persönliche Sachen (Bücher!) in die USA mitgebracht. Agnes behauptet mit Recht, dass er „nur zu Besuch" sei (124).
- Als die Beziehung am Ende des Romans zerrüttet ist, Agnes aber bei ihm wohnt, empfindet er die eigene Wohnung als „fast zu warm" (132). Dies ist abermals ein sprachliches Signal dafür, dass der beziehungsunfähige Erzähler die physische Nähe als unangenehm empfindet.

112

PRÜFUNGSAUFGABEN UND LÖSUNGEN

Agnes' Zimmer

– Agnes' Apartment liegt in einem Viertel, dass sie als „nicht besonders schön" bezeichnet. Auch kennt sie „niemanden" (44).

– Obwohl sie sich Mühe mit der studentischen Einrichtung gegeben hat (Matratze auf dem Boden mit Plüschtieren, Esstisch und Schreibtisch, zugemauerter Kamin, Foto, auf dem sie verschlossen wirkt (38)), wirkt das „Zimmer unbelebt, als sei es seit Jahren von keinem Menschen betreten worden" (39). Sie besitzt kaum Bücher, lediglich einige Fachbücher und Computermanuals.

– In ihrer pedantischen Ordnungsliebe ist die Küche „so sauber, als sei sie nie benutzt worden" (112).

– Kokoschkas Bild *Mörder, Hoffnung der Frauen* deutet auf ihren späteren literarisch fixierten Tod hin.

– Agnes' Wohnung ist deutlich mit Leblosigkeit und Tod konnotiert.

Weitere Räume im Überblick

– Die Cafés in der Nähe der Bibliothek und im Grand Park sind ebenfalls anonyme Räume.

– Im Pullman-Archiv ist es „heiß und trocken" (106) – ein atmosphärisches Setting für die Annäherung zwischen Louise und dem Erzähler.

– Die eisige Dachterrasse des Doral Plaza ist ein Ort der Einsamkeit. Dort holt sich Agnes sinnbildlich zweimal eine Erkältung.

Natur – Möglichkeit zur Selbstfindung

– Während des Ausflugs am Columbus Day friert Agnes, obwohl sie nahe am Feuer sitzt (73). Dies ist als deutliches Anzeichen einer inneren Kälte zu deuten.

– Wenig später wird sie – als eine Vorstufe ihres Todes – ohnmächtig.

– Am nächsten Tag ist sie im Einklang mit sich und der Natur. („Aber man könnte so leben [...], nackt und ganz nah an allem" (76)). Die sonst so ängstliche Frau ist frei von ihren Sorgen, ohne Spuren aus dem Leben zu verschwinden.

– Der Erzähler inszeniert den literarischen Tod seiner Figur am Ende ebenfalls in der Natur. Die äußere Kälte kann Agnes nichts anhaben. Im Gegenteil, von Innen strömt eine Wärme durch sie, so dass der Schnee schmilzt. Dies ist als Metapher für ihre Rückkehr zu sich selbst, zu ihrer selbstbestimmten Identität zu deuten.

PRÜFUNGSAUFGABEN UND LÖSUNGEN

4. *Agnes* und *Homo faber*

Aufgabenstellung

Vergleichen Sie Peter Stamms Roman *Agnes* mit Max Frischs *Homo faber* unter übergeordneten Gesichtspunkten.

Personenkonstellation

– Der Altersunterschied zwischen den jeweiligen Protagonisten ist ähnlich. Während Walter Faber, ohne es zu wissen, Sabeths Vater ist, meint der Erzähler aus Stamms Roman, dass er vom Alter her Agnes' Vater sein könnte (26).

– Faber und der Ich-Erzähler haben generell Bindungsangst.

– Faber flieht aus der Beziehung mit Hanna nach Bagdad, als diese schwanger ist. Er empfindet Ivy (dt. Efeu) als Klette, von der er sich zu lösen versucht.

– Stamms Ich-Erzähler vermittelt den Eindruck der Bindungsunfähigkeit nicht nur gegenüber Agnes, sondern auch gegenüber Louise. Er schläft mit ihr, ohne sie zu lieben. Als er merkt, dass sie eine weitergehende Beziehung wünscht, stößt er sie zurück. Auch die angedeuteten vergangenen Beziehungen des Erzählers sind stets gescheitert.

– Beide männlichen Protagonisten sind Schweizer, die es nach Amerika verschlägt.

– In der geplanten Verfilmung von *Agnes* soll der Erzähler den Namen „Walter" erhalten.

„Du sollst dir kein Bildnis machen"

– Beide Texte lesen sich als Beispiel von Frischs berühmtem Diktum „Du sollst dir kein Bildnis machen" (Frisch, *Tagebuch*).

– Damit thematisieren beide Texte die Frage der eigenen Identität.

– Beide Beziehungen scheitern am Bildnis.

– In Fabers naturwissenschaftlichem Weltbild scheint der Tod aufgehoben zu sein. Zufälle sind eine Frage der mathematischen Wahrscheinlichkeit. Seine eigene Krankheit und Sabeths Tod zerstören dieses Bild grundlegend.

– Er will nicht daran glauben, dass er der Vater Sabeths sein könnte. Deshalb rechnet er sich die Daten so lange zurecht, bis er sicher ist, das dies nicht sein kann.

– Es gehört zu den grundlegenden Verhaltensmustern von Stamms Ich-Erzähler, sich von seinen Freundinnen ein Bild zu machen. Er antizipiert die Zukunft und legt sich auf seine Sichtweise fest.

114

PRÜFUNGSAUFGABEN UND LÖSUNGEN

- Seine fiktive Geschichte ist ein niedergeschriebenes Portrait, so wie er Agnes und die Beziehung zu ihr sieht.
- Das Bildnis engt Agnes ein und zwängt ihr eine Rolle auf, bis sie sich von sich selbst entfremdet hat.
- Als er mit Agnes' Schwangerschaft Realität und Fiktion nicht mehr in Übereinstimmung bringen kann, kommt es zur Trennung.
- Das Bild von Agnes (Geschichte, Video) bleibt ihm erhalten, die lebendige Agnes ist am Ende des Romans verschwunden.

Sprache und Stil

- Beide Texte sind aus der personalen Erzählperspektive eines Ich-Erzählers geschrieben.
- Beide erzählenden Protagonisten schreiben in einem sachlichen Stil, der zu ihrem Beruf passt (Faber ist Ingenieur, Stamms Ich-Erzähler ist Sachbuchautor).
- *Homo faber* trägt den Untertitel *Ein Bericht*.
- *Agnes* liest sich wie ein unterkühltes Beziehungsprotokoll.
- Beide Texte machen den Schreibakt zum Thema.
- Faber schreibt zwei Text-Berichte (einen aus Caracas, den anderen aus Athen), die auch grafisch voneinander unterschieden sind.
- Stamms Ich-Erzähler beschreibt nicht nur in einer Rückblende die Beziehung zu Agnes, sondern ist auch Autor der fiktiven Geschichte.
- Beide Texte haben den Tod als eines der zentralen Leitmotive (*Homo faber*: Joachim, Sabeth, Faber; *Agnes*: Tote auf dem Gehsteig, im Pfadfinderlager, Fehlgeburt, Agnes).

115

PRÜFUNGSAUFGABEN UND LÖSUNGEN

5. Das Verhältnis des Ich-Erzählers zu Louise

Aufgabenstellung

Charakterisieren Sie die Figur der Louise und analysieren Sie ihre Funktion für den Roman.

Untersuchen Sie das Verhältnis des Ich-Erzählers zu Louise.

Charakterisierung der Figur

- Louise ist die Tochter eines französischen Kornhändlers und einer Amerikanerin.
- Sie lebt seit fünfzehn Jahren in Chicago, hat dort studiert und arbeitet in der Public-Relations-Abteilung der Pullman-Leasing, einer Tochterfirma der Gesellschaft, die die Eisenbahnluxuswagen herstellt, über die der Erzähler schreibt (85 f.).
- Sie wohnt trotz ihres reiferen Alters bei ihren Eltern, deren Bekannte sie herablassend betrachtet (143), da sie Affären haben und sich auch schon an sie herangemacht haben.
- Sie fühlt sich fremd in der amerikanischen Kultur. Sie hat aber einen guten Job, sonst wäre sie schon längst nach Frankreich zurückgegangen (143).
- Sie hat keine Freundinnen, da sie sich nach eigenem Bekunden immer besser mit Männern verstanden hat. Freunde hat sie jedoch zur Silvesterparty ihrer Eltern auch nicht eingeladen.
- Sie verkörpert den modernen berufstätigen, geschäftlich erfolgreichen Single der Spaßgesellschaft. Ihr Credo ist: „Hauptsache, wie amüsieren uns" (106).

Funktion

- Louise ist als Gegenfigur zu Agnes konzipiert. Gegenüber der 25-jährigen Studentin mit strengen Ansichten ist sie herzhaft unkompliziert.
- Sie spricht Wahrheiten über Agnes (85 ff.), über amerikanische Frauen (143) aus, die sich der Erzähler nur mühsam einzugestehen vermag.
- In Zeiten der Beziehungskrise mit Agnes wirkt sie wie ein willkommener Ersatz für den Erzähler.
- Sie ist der Grund einer latenten Eifersucht, die die zerrüttete Beziehung zwischen dem Erzähler und Agnes schwer belastet.

Verhältnis des Erzählers zu Louise

- Der Ich-Erzähler lernt Louise auf der Halloween-Party der amerikanischen Eisenbahngesellschaft Amtrak kennen (Kap. 18).
- Beiden gemeinsam ist das Gefühl, in Amerika fremd zu sein. Sie können mit den Masken des Halloween-Spektakels nichts anfangen.
- Louise macht ständig Annäherungsversuche. Schon auf der Halloween-Party küsst sie den Erzähler auf die Wange, gibt ihm ihre private Telefonnummer und fordert ihn auf, sie anzurufen.
- Wegen der Bekanntschaft mit Louise bricht der Erzähler sein Wort gegenüber Agnes und erscheint erst weit nach Mitternacht auf dem Maskenball der Universität.
- Nach der Trennung mit Agnes trifft er Louise zufällig in der Bibliothek (97). Erneut ist sie es, die die Initiative ergreift und ihn fragt, ob sie nicht einen Kaffee zusammen trinken wollten. Er erzählt Louise davon, dass Agnes ihn verlassen habe. Von dem Kind sagt er nichts. Hier wird das Muster deutlich, dass er später erneut anwenden wird. Er verschweigt Informationen aus Eigennutz. Sie verspricht, sich um ihn zu kümmern, und lädt ihn zur Thanksgiving-Party ihrer Eltern ein (98).
- Nach dem Gespräch hat der Erzähler „ein schlechtes Gewissen". Es ist ihm, als hätte er Agnes „betrogen" (98) – ein Vorgriff auf das sexuelle Erlebnis in der Silvesternacht.
- Louises Eltern sehen in dem Erzähler schon einen möglichen Schwiegersohn. Sie sind froh – so Louise – dass sie „endlich einmal einen Freund habe, der einen anständigen Beruf hat"(102).
- Im Archiv des Pullman-Gebäudes kommen sich die beiden näher. Nachdem sie seine Hand genommen hat (105), küsst er sie (106). Beide sind sich der Unverbindlichkeit bewusst. („Du liebst mich nicht, und ich liebe dich nicht. Es ist nichts dabei." (106))
- In Louises Gegenwart vergisst der Erzähler Agnes (107).
- Louise schenkt ihm zu Weihnachten ein Modell eines Pullman-Eisenbahnwagens (125 f.) und lädt ihn zur Neujahrsparty ihrer Eltern ein.
- Zu vorgerückter Stunde in der Silvesternacht schließt sich Louise mit dem Erzähler in ihrem Zimmer ein. Dies deutet darauf hin, dass sie bei ihrer vermutlich geplanten intimen Zweisamkeit nicht gestört werden möchte.
- Louise bringt den Erzähler mit ihrem Auto nach Hause. Erst jetzt erzählt er ihr, dass Agnes wieder zurückgekehrt ist. Sie ist verärgert, denn offensichtlich strebt sie nun doch eine engere Bindung an (146).
- Der Erzähler ist dazu aber nicht bereit. Auch von ihr hat er sich ein Bild gemacht. („Du hast mich von Anfang an in die eine Schublade geworfen." (147))
- Insgesamt ist er gegenüber Louise nicht aufrichtig und fixiert auf sich selbst. Deshalb ist auch ihr Verhältnis zum Scheitern verurteilt.

PRÜFUNGSAUFGABEN UND LÖSUNGEN

6. Fiktion und Wirklichkeit

Aufgabenstellung

Analysieren Sie das Verhältnis von Fiktion und Wirklichkeit im Romangeschehen.

Das Rollenspiel ersetzt die Wirklichkeit

- Bereits der erste Satz, den der Erzähler niederschreibt, offenbart den Mechanismus, der das Verhältnis von Fiktion und Wirklichkeit bestimmen wird.
- Der Erzähler manipuliert die Wirklichkeit, die der Fiktion folgen soll. (Agnes hat an dieser Stelle des Textes kein Interesse am Feuerwerk. Er aber schreibt: *„Am Abend des dritten Juli gingen wir auf die Dachterrasse und schauten uns gemeinsam das Feuerwerk an."* (51)).
- In der Fiktion wird Agnes „neu geboren" (55), spätestens Ende August, als die Geschichte die Gegenwart einholt und in die Zukunft vorstößt. Nun ist sie das „Geschöpf" des Erzählers (62), für das er planen kann.
- Er entfremdet sich von der lebendigen Agnes (58 f.), um sich die fiktive Agnes anzueignen.
- Der Erzähler „weiß schon, was geschehen wird" (63). Agnes möchte „keine Fehler machen" (65) und fügt sich bereitwillig in das Rollenspiel. Sie zieht das vorgegebene Kleid an. Sie folgt der Aufforderung in der fiktiven Geschichte, in das Apartment des Erzählers zu ziehen (64 f.).
- Immer wieder spielen sie ihre Rollen, tragen „dieselben Kleider wie in der Geschichte" (68), machen wie die Figuren einen Ausflug in den Zoo oder ins Museum.
- Wirklichkeit und Fiktion sind beinahe nicht mehr zu trennen. Formaler Ausdruck dieser Vermischung ist, dass die düstere Vision im Treppenhaus, in der der Erzähler den Gedanken der Heirat durchspielt, nicht kursiv gesetzt ist (80 ff.).

Wirklichkeit und Fiktion fallen auseinander

- Mit der ungeplanten Schwangerschaft von Agnes fallen Wirklichkeit und Fiktion auseinander („Agnes wird nicht schwanger" (89)).
- Der Erzähler ist auf seine Zukunftsprojektion fixiert und kann auf die lebendige Agnes nicht eingehen. Es kommt zur Trennung der beiden.
- Er kommt jedoch nicht von Agnes los. Die glückliche Fiktion ersetzt die Wirklichkeit. In seiner Geschichte legt er fest, dass Agnes und er es mit dem Kind versuchen wollen (99). Es ist – laut fiktiver Geschichte – *„der glücklichste Sommer [seines] Lebens"* (108).

- Während er in der Fiktion das Kind zur Welt bringt, hat die lebendige Agnes eine Fehlgeburt.

Fiktion als Fluchtmöglichkeit für Agnes

- In der Realität gestaltet sich der Neuanfang der Beziehung als schwierig.
- Agnes leidet nach der Fehlgeburt unter Depressionen. Für sie bietet die Geschichte vorübergehend die Möglichkeit, die Realität zu verdrängen. Deshalb fordert sie den Erzähler auf, die Geschichte mit dem geborenen Kind fortzusetzen. „Du mußt es aufschreiben", sagte Agnes, „du mußt uns das Kind machen. Ich habe es nicht geschafft." (116)
- Ihre Flucht aus der Realität geht sogar so weit, dass sie während der Weihnachtseinkäufe Kinderspielsachen und -kleider kauft. Doch noch am selben Tag vernichtet sie diese und stellt sich den Gegebenheiten. Sie fordert den Erzähler auf, „du mußt schreiben, wie es wirklich war und wie es ist. Es muß stimmen" (119).

Leben in der Fiktion

- Angesichts der immer stärker zerrütteten Beziehung zur realen Agnes lebt der Ich-Erzähler fast nur noch in der Fiktion (139).
- Agnes bittet ihn, die Geschichte nicht zu einem Ende zu bringen. Unbewusst weiß sie vermutlich, dass mit dem Abschluss der Geschichte auch ihre Beziehung ein Ende findet. (137)
- Er schreibt sich in einen Rauschzustand. Wie in einem Film laufen die Bilder für den „Schluß2" (135) zusammen, der Agnes' fiktiven Selbstmord vorsieht. Ein happy end, das er alternativ konzipiert, ist „nicht lebendig". Der Schneetod ist für ihn der „einzig mögliche, der einzig wahre Schluß" (139).
- Agnes verschwindet in der Silvesternacht, nachdem sie den „Schluß2" gelesen hat. Es bleibt offen, ob sie der fiktiven Vorlage folgt oder einfach nur den Erzähler verlässt.
- Es bleibt von ihr nur die Geschichte übrig. Die lebendige Agnes ist durch die fiktive Figur ersetzt worden.
- Im letzten Kapitel begnügt sich der Erzähler mit dem (Video-)Bildnis; er sucht weder nach Agnes noch nimmt er den Telefonhörer ab. Er selbst ist auch in ein medial vermitteltes Bild übergegangen, mit dem der Roman endet.

PRÜFUNGSAUFGABEN UND LÖSUNGEN

7. Das Ende der fiktiven Geschichte (Kap. 35)

Aufgabenstellung

Skizzieren Sie, was der Leser wissen muss, um das Ende der fiktiven Geschichte zu verstehen.

Interpretieren Sie die vorliegende Textstelle unter besonderer Berücksichtigung der verwendeten Leitmotive.

Einordnung der Textstelle

– Die neun Monate andauernde Beziehung zwischen dem Ich-Erzähler und Agnes ist durch Beziehungskälte und Distanz geprägt.
– Mit den steigenden Temperaturen des Sommers erlebt die Beziehung einen emotionalen Hochpunkt. Doch das Glück ist nur von kurzer Dauer.
– Während des Ausflugs in den Hoosier Nationalpark wird Agnes ohnmächtig, was auf ihren späteren literarischen Freitod vorausdeutet. Auf dem verlassenen Friedhof äußert sie eine merkwürdige Vision: „Stell dir vor, in wenigen Wochen liegt hier Schnee, und dann kommt für Monate niemand hierher, und alles ist ganz still und verlassen. Es heißt, zu erfrieren sei ein schöner Tod" (77 f.).
– Schon als Kind hatte sie sich nach der Lektüre von Hesses *Siddharta* barfuß in den Schnee gestellt, um ihre Gefühle abzutöten (119).
– Gleichzeitig findet Agnes während des Ausflugs in der Natur zu sich selbst (76).
– Agnes' Schwangerschaft führt zur vorübergehenden Trennung der beiden Protagonisten.
– Der Neuanfang wird durch ihre Depressionen nach der Fehlgeburt, das unklare Verhältnis des Erzählers zu Louise, Eifersuchtsszenen und die Fixierung des Erzählers auf seine fiktive Geschichte schwer belastet.
– Mit den fallenden Temperaturen im Winter sinken auch die Gefühle füreinander auf einen Nullpunkt.
– Ein happy end kommt für den Erzähler nicht mehr in Frage. Er lebt fast nur noch in der fiktiven Geschichte, die er zu einem guten Ende bringen will. Agnes muss verschwinden, so dass er ihren literarischen Selbstmord im folgenden Text inszeniert. Dabei hat er sich offenbar von Agnes' Vision auf dem Friedhof inspirieren lassen, denn er wählt den Nationalpark als Todesort.

PRÜFUNGSAUFGABEN UND LÖSUNGEN

Interpretation der Textstelle

- Agnes schaut auf den Bildschirmschoner „Starfield Simulation". Punkte und Sterne werden als Leitmotiv für das punktuelle Glück von Stamm verwendet.
- In der Mitte ist jedoch eine geheimnisvolle „*Leere*" (150), die wohl symbolisch für die Mitte der Beziehung zu verstehen ist.
- Es ist ihr, „*als tauche sie in den Bildschirm ein, werde zu den Worten und Sätzen, die sie gelesen hatte*" (150). Wirklichkeit und Fiktion verschwimmen.
- Mit einem Zug (vgl. 132, 151) fährt sie nach Willow Springs. Die Kälte kann ihr nichts anhaben, sie registriert sie nur. Die Kälte steht als Leitmotiv für die Beziehungskälte, die zwischen ihr und dem Erzähler herrscht.
- Auf ihrem Fußweg ins Nichts sieht sie „*unzählige Sterne, erkannte den Schwan und den Adler*". (151) Der Schwan steht als Symbol für das Reine, das Unschuldige, während der Adler als Tier auf Herrschaft und Macht deutet. Damit wird auf ihre Beziehung zum kontrollsüchtigen Erzähler angespielt. Sie erkennt sich also selbst.
- Als sie die Stelle wiederfindet, an der sie glücklich gewesen war, zieht sie ihre Handschuhe aus und legt sich hin.
- Entgegen den Erwartungen des Lesers friert sie nicht, sondern eine Wärme durchzieht den ganzen Körper. Es „*schien, als liege sie glühend im Schnee, als müsse der Schnee unter ihr schmelzen.*" (152) Die zurückgekehrte Wärme steht metaphorisch für ihre wiedergewonnene Identität, ihre Selbstbestimmung, ihr eigenes Leben.

Deutung

Die literarische Agnes findet im Tod zu sich selbst. Es bleibt offen, ob die lebendige Agnes dieser Vorlage nachkommt.

- Dagegen spricht, dass es unmöglich sein dürfte, in der Silvesternacht mit öffentlichen Verkehrsmitteln in den Park zu gelangen und im Dunkeln die gesuchte Stelle wiederzufinden.
- Möglicherweise verlässt sie einfach den Erzähler und verschwindet aus dessen Leben.

PRÜFUNGSAUFGABEN UND LÖSUNGEN

8. Dialog zwischen dem Ich-Erzähler und Agnes – eine gestaltende Interpretation

Aufgabenstellung

Gehen Sie von folgender Annahme aus:
Nachdem Agnes das fiktive Ende der Geschichte gelesen hat, wartet sie auf den Erzähler und stellt ihn zur Rede.
Schreiben Sie ihre Auseinandersetzung in einem Kapitel 35a auf.

... 35a ...

Ich kam aus der Kälte und fand die Wohnung warm, fast zu warm. Agnes erwartete mich. Sie wirkte abweisend und kühl.
„Du kommst spät", sagte sie.
„Ein Taxi um diese Zeit ist schwer zu kriegen." Ich verschwieg, dass mich Louise nach Hause gebracht hatte.
„Wie war die Party?"
„Lauter langweilige Leute", sagte ich.
„Und Louise?", fragte Agnes.
Wir schwiegen.

„Louise hat sich die ganze Zeit um mich gekümmert", sagte ich.
„Hast du mit ihr geschlafen?"
„Warum fragst du mich das?"
Ich schaute aus dem Fenster, das sich nicht öffnen ließ, hinab in die Leere der Nacht.
„Lass uns ein anderes Mal darüber reden. Ich bin müde", sagte ich.
„Ich weiß nicht, ob es ein anderes Mal geben wird", sagte sie.
„Wenn du gehen willst, ..."
„Ich will nicht zugrunde gehen", sagte Agnes.
Sie hustete und wirkte, als ob sie die Erkältung nie wieder loswerden würde.
„In deinem Kopf hast du mich schon getötet", sagte sie.
Ich blickte auf den Computer. Nur der Bildschirmschoner war zu sehen. In der Mitte der Starfield Simulation bemerkte ich diese geheimnisvolle Leere. Dahinter vermutete ich den Schluss2, den ich während ihrer Krankheit heimlich fortgeschrieben hatte.
„Ich dachte, in Amerika gehen alle Geschichten gut aus."
„Für uns kommt ein happy end wohl nicht mehr in Frage", sagte ich.
Wir schwiegen einen Augenblick lang.

PRÜFUNGSAUFGABEN UND LÖSUNGEN

Ich erinnerte mich erneut an das Gedicht von Robert Frost.

„Das Ende, das ich dir vorgelesen habe, kam mir nicht lebendig, nicht gut vor. Ich musste einen anderen Schluss schreiben."

„Du willst nur eine gute Geschichte schreiben. Ich bin dir egal", sagte Agnes.

„Es musste etwas passieren", sagte ich.

„Soll ich mich nun etwa auch im Schnee umbringen?", fragte sie.

Ich musste unweigerlich an Kokoschkas *Mörder, Hoffnung aller Frauen* denken, das in ihrer Wohnung hing.

„Ich habe dein Rollenspiel satt. Ich habe deine Geschichte satt", schrie sie. „Ich lasse es nicht zu, dass ich zum Spielball deiner kranken Gedanken werde."

Obwohl ich mit ihr glücklich gewesen war, fühlte ich mich jetzt nur frei, wenn ich von ihr loskommen würde. Freiheit war mir immer wichtiger gewesen als Glück. Das war es, was meine Freundinnen immer wieder Egoismus genannt hatten.

„Dann geh", sagte ich kühl.

Sie nahm ihren Mantel und ging zur Tür. Sie blickte sich nicht mehr um. Die Kälte der Silvesternacht, so stellte ich mir vor, würde ihr nichts anhaben. Wärme würde sie durchfluten, bis sie von innen ganz damit ausgefüllt sein würde.

Ich blieb wach.

Allein.

Stichwortverzeichnis

A

Abhängigkeit 22, 47, 58, 64
Agnes' Vater 13 f., 16, 39, 60, 71, 84
Amerika 28, 31, 39, 58, 77 ff., 116 f.
Anonym(ität) 7, 10, 38, 62, 68 f., 78, 83,
   108, 112

B

Bild – Bildnis 7, 10, 16, 19 f., 23 f., 26, 28 f.,
   31 f., 37, 39, 42, 46, 49 f., 55 ff., 61 ff., 68,
   72 ff., 77, 82, 86 f., 100, 103, 109, 113 f., 117
Bindungsangst 22, 33, 64 f., 114
Bindungsunfähigkeit 49, 68, 71, 81,
   93, 108

C

Chicago 6, 11, 14 f., 23, 47, 57, 62, 69 ff.,
   78, 80, 108, 110, 112, 116
Christie, Agatha 30, 85
Coffee Shop 10, 20, 30, 62
Columbus Day 24, 44 f., 57, 85, 113

D

Dachterrasse 19, 50, 69, 81 ff. 108, 113, 118
Distanz 7, 11, 17, 24, 27, 34, 36, 59, 65, 70,
   76 f., 81, 94, 96, 98, 100, 112, 120
Doral Plaza 37, 41, 62, 69, 81 ff., 108, 112 f.
Dürrenmatt, Friedrich 72, 97

E

Egoismus 33, 48, 94, 96, 108
Eifersucht 35, 37, 45, 48, 61, 65 f., 81, 91 f.,
   96, 109, 116, 120
Entfremdung 21, 49, 58, 76, 82 ff., 89
Erinnerungsvarianten 20, 51, 92, 109
Erkältung/erkältet 23, 34, 37, 40, 45, 51,
   82, 113
Europa 28, 31, 77 ff.

F

Fehlerhaft 23, 89, 91, 118
Fehlgeburt 13, 33 ff., 38, 45, 48, 52 f., 64,
   72, 80, 86, 115, 119 f.

Fiktion und Wirklichkeit 7, 10, 13, 19, 23,
   26, 29, 36, 39, 46 ff., 64, 83, 88, 92, 98, 100,
   102, 109, 115, 118 f.
Film 7, 24, 38, 43, 54, 61, 63, 76, 86, 103,
   114, 119
Freiheitsdrang/-liebe 22, 32 f., 45, 47, 49,
   61, 64, 78, 108, 123
Fremd(heit) 7, 21, 28, 39, 41, 49, 58, 62,
   76, 79, 82 ff., 89, 108, 115
Frieren 19, 24, 26, 38, 41 f., 50, 54, 76, 82,
   85, 113, 120
Frisch, Max 72 ff., 97, 103, 114
Frost, Robert 83, 111

G

Gefängnis 32, 65, 79
Geschöpf 20, 22, 46 f., 51, 53, 64, 81, 88,
   109, 118
Gestörte Kommunikation 8, 14, 36, 40, 59,
   95 f.
Glück 17, 22 ff., 27, 33 ff., 38 f., 47 ff., 52, 64,
   68 ff., 81, 89, 94, 100, 108, 118, 120 f.

H

Halloween 27 f., 79, 86, 116 f.
Happy end 34, 37, 39, 45, 49, 53 f., 66, 119 f., 122
Heirat 26 f., 31 f., 35, 40, 44, 48, 52, 85, 118
Hemingway, Ernest 31
Herbert 10, 15 f., 35, 37, 48, 60, 66, 71, 91 f., 109
Homo faber 75, 103, 114 f.
Hoosier National Park 7, 24, 42, 76, 82, 85, 113,
   120

I

Identität 7, 19, 22, 27, 55, 60 f., 72 ff. 83, 86,
   88, 97, 101, 103, 113 f., 121
Intertextualität 98 ff.
Isolierglas 7, 80, 83, 112

K

Kälte 6 f., 9, 24, 34, 37 ff., 42, 51, 59 f., 67 ff.,
   80 ff., 94, 96, 108, 111, 113, 120 f.
Keats, John 56, 85

STICHWORTVERZEICHNIS

Kokoschka, Oskar 16, 86, 99, 113, 123
Kollektive Bilder/Vorurteile 77
Kontrollsucht/ -verlust 9, 14, 19, 26, 40,
  49,ff., 62 f., 64, 76, 92, 95, 109, 121

L
Lakonischer Stil 42, 61, 93 ff., 111
Leblos(igkeit)/unbelebt 15, 34, 54, 60,
  80, 113
Leere 9, 17, 29, 62, 82, 95, 108, 111, 121
Literatur als Kinderersatz 13, 46
Louise 27 f., 30 ff., 35, 37, 39 ff., 48 f., 52,
  65 f., 70 f., 77 f., 91, 93, 108, 113 f., 116 f.,
  120, 122

M
Margaret 27, 32, 35, 52 f.
Masken 27 f., 78, 86 ff., 117
Mord 85, 99, 113

N
Namenloser Ich-Erzähler 6, 61, 91, 101, 103
Natur 14, 24, 26, 31, 41, 82, 84, 113, 120
Neujahrsparty 37, 40, 42, 49, 65, 79, 117

O
Offenes Ende 37, 42, 47, 49, 60, 77, 81, 119
Ohnmacht 18, 24, 85, 113, 120
Ordnung(sliebe) 7, 30, 34, 55, 57, 113

P
Physik(erin) 11, 17, 22, 24, 35, 39, 41, 55,
  57, 64, 69, 86, 111
Pointillistisch 18, 23, 43, 70
Postmoderne 97 ff.
Public Library/Bibliothek 6 ff., 14, 40,
  47 f., 57, 59, 62, 69, 81, 92, 108, 110,
  112, 117
Pullman 27, 32, 37, 62, 78, 113, 116 f.
Punkte 17, 24, 41, 77, 83, 89 f., 100, 121

R
Rollenspiel 27, 51, 58, 86, 88, 118, 123

S
Sachbuchautor 12, 14, 19, 28, 62, 69, 93, 101,
  108, 115

Sauberkeit 34, 57, 60 ,86, 113
Schluß2 39, 54, 66, 119
Schnee 7, 26, 36, 38, 42, 49, 54, 60, 69, 76,
  83, 85, 109, 113, 119 ff.
Schwangerschaft 27 ff., 31, 46, 48, 52,
  63 f., 66, 71, 75 f., 88, 109, 114 f., 118, 120
Schweigen 8, 12, 17, 21, 28, 36, 95 f., 110 f.
Schweiz 14, 31, 37, 56, 62, 67, 73, 78 f.,
  85, 97 f., 102, 108, 114
Selbstmord 6 f., 42, 49, 83 ff., 89, 100,
  109, 119 f.
Seurat, George 23 ff., 43, 70, 76, 89, 100
Single 67 ff., 116
Sozialer Mensch 11, 55, 58 f., 68 f., 110, 112
Spaßgesellschaft 71, 116
Spuren (hinterlassen) 13 f., 24, 30, 55,
  60, 80, 86, 113
Starfield Simulation 41, 89, 121 f.
Sternbilder Schwan, Adler 89 f., 121
Sterne 23, 41, 51, 80, 89 f., 121
Symmetrie 11, 17, 57, 69

T
Thomas, Dylan 38, 85
Tod 6 ff., 11 ff., 24, 26, 34 ff., 49, 52, 54, 57,
  60, 64, 66, 70, 74, 76, 80 ff., 86, 92, 94 ff.,
  110 f., 113 ff., 119 ff.

U
Überheizt 70, 81, 112
Unterkühlt 11, 37, 83, 94, 102, 111, 115
Unzuverlässiger Erzähler 20, 91 ff., 94,
  101, 109

V
Videoaufnahme 7, 42 f., 49, 55, 57, 61, 72,
  76 f., 80, 86, 115, 119

W
Wärme 37, 42, 60, 68, 70, 76, 80 ff.,
  112 f., 121
Weihnachten 37, 66, 117
Wright, Frank Lloyd 31

125

Lektürehilfen – Literatur erleben

Lektürehilfen sind der Schlüssel zum besseren Verständnis von Literatur:

– Die wichtigen Themen kennen dank thematischer Kapitel.

– Die richtigen Antworten wissen durch die Vorbereitung mit typischen Abiturfragen.

Im Buchhandel erhältlich. Weitere Informationen unter www.klett.de/lernhilfen